生命縱有摺痕，
也要活出你的高級灰

灰日記

歐北——著

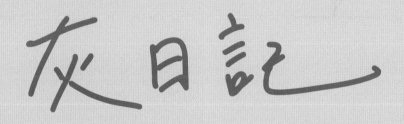

推薦序

沒有日子是永遠的灰

落涼

歐北的文字裡有一層霧灰。或許這份灰也同樣存在於每個人生命裡，只是深淺而已。

這本書提到的許多故事或許也是我們成長過程中必經之路，求學讀書，離鄉背井。當心裡追求著更崇高的目標與理想，在心中種下夢想的種子，當開始發芽以後，就會與自己有所拉扯。

當你長大了，能揮霍的時間越發稀少，歲月如流沙從手中匆匆流去，無力阻止。

而每個人的生活從來不容易，充滿著瑣碎的情節與冗長的庸碌，當你望去，盡是都市叢林，四面楚歌。但與此同時，卻也會在某幾個瞬間，枯木回春，久旱逢甘霖。

讀這本書，我從她的筆下發現了不同的機緣與故事，有關於學業、工作以及生活。有些決定誕生了思緒的激盪，有些旅途帶來了璀璨的花火，更有些相遇則帶來了無價的幸運。

除了幸運以外，更多我看見的是她自己，她自己願意用什麼樣的態度面對生活。

想起了我與她的相識，在我的眼中，她一直是一個很努力的人。喜歡挖掘生活中微小的細節，善於感知與記錄，也不停止追求著更高的境界。這樣的她，總是讓我覺得，太過努力了，那些疼痛會使自己卡關。

果不其然，她也是會喊痛的。每當我看見她在成長的途中咬緊牙關忍耐，或是在迷惘的路途勇闖荊棘，戳傷自己，都會很心疼，多希望她意識到自己其實已經足夠。

但我想，在灰色孤單的日子裡，她並沒有停止前行，將一格又一格的日子裡重新填滿了色彩，就又能擁有嶄新的心情捉住稍縱即逝的當下，與面對無法預知的明天。

塡滿色彩有很多種方式，有時候是自己拿起色筆天馬行空的作夢，寫下屬於自己的生命證明，有時候是與他人互動而產生交集與震盪的時刻。

與任何人的相遇都可以是一個契機。歐北在很多人的身上看見了自己，那些以代號相稱的重要他人，都是七彩美麗的顏料，讓自己的畫布擁有了新的故事與寄託。

雖然人與人的相遇不盡然總充滿那麼光亮的時候，也是有烏雲滿布無處宣洩的時候；被捲入暴風圈難以平靜的時候；被風沙掩埋看不見前方道路的時候，但只要願意將自己的心打開一道縫隙，投遞傷心，你要相信，或許也有相似頻率的人伸出手接納，並且改變你。

我想，改變你並不只是治癒你這個行爲而已，而是在肯定你、包容你以後，幫助你去意識到自己一部分的不足，並且促使你改變自己。因此我們才能在愛裡互相扶持，彼此鼓勵，與一起成長。

我想起一次坐在車上，經行搖搖晃晃的隧道，閉上眼的時候一片灰暗無邊，但睜開眼，才明白光一直都在前方。

沒有日子是永遠的灰，只要你願意發光，哪怕只是微光。

（作者為Instagram文字作家）

作者序

生活一片灰暗?!那也沒有關係，誰都是一步一步走向清晰的

無論走到今日的你，認爲自己人生旅途一帆風順或是跌宕起伏，也請不要因此爲自己的生活貼上特定的標籤。往後的路途還有許多尙未發現的禮物，不如與我一起在這本書裡緩緩撿拾過去藏在時間罅隙的記憶，收集並整理時光爲我們萃取的經驗。

在這個奔波的時代裡，人們無非是汲汲營營追尋意義的影子，朝著想望的樣子，面向著想要的生活走去。誠惶誠恐地在各種挑戰之間測試前進的路線，碰壁和迷茫時常落得自己惴惴不安，卻又沒有哪個人可以完完全全照護自己的感受，所以我想和你說，就成爲陪伴自己最好的那個人吧。

時光快速迭代著我們所遇見的人與事以及感受，才剛與上一個人道別，又趕忙走進下一個新的關係；不停地告別舊往，又不斷地展開新的旅程。許多來不及說出口的話成爲遺憾，來不及回顧的感受流於遺忘。如果回想生活中發生的種種喜怒哀樂，也許你會發現它們都可以被歸類於無常；然而無常的事持續發生，表面上雖然看似無力，我們卻其實能從這些無常之中梳理出一些意義，只是看你願不願意。

當每個人都埋頭忙碌於各自的生活，偶爾想在社群上抒發心情卻又擔怕張揚的感受被看穿，所以大多數人靜靜孤獨過著，幾個闃黑的夜裡我們才允許自己展現脆弱，獨自處理深受的傷，獨自擦掉不停流下的眼淚，無盡的思念傳不到該聽的人的耳邊……所有自行承接的脆弱與消化的難受。你辛苦了，總是這樣一個人獨自承受。

這本書就是從這裡開始的。

本書分成四個色階，運用白色的比例少至多調配不同的灰色，分別是20%炭灰、40%昏灰、60%霧灰、80%銀灰。成長過程裡我們幾乎都對於人際、學業、生活目標的不順遂感到熟悉，或許遭受各種風雨與困境讓我們顯得灰蒙暗淡，所以我用「炭灰」這個相對深沉的顏色作爲開場白，即使你現在面對的生活一片灰暗，那也沒有關係，誰都是一步一步走向清晰的。

顏色的區分也代表著生活裡的每一個選擇並不是純粹的黑或白，而是中間無數色階拼湊而成，有些選擇太靠近黑色，擁有比較高比例的黑，那段日子裡無非掙扎猶豫，在風雨裡頑強抵抗艱難煎熬地前進。有些選擇接近白色區域，淺淺的灰色是一點點的挑戰形成的，這種時日裡，我們倚賴過去集結的經驗駕輕就熟，如魚得水地抵達目的地。

在這本書裡，願你找到一個自己喜歡的空間躲進去，想想自己生活中是否發生過類似的事情，對於事情的感受是如何？哪些是你眞正在意的部分？是否你也從自己的故事中找到能夠成長的線索？如果有，這些都是你會在未來變得更柔軟的跡象。

無論你現在身在哪一種灰色階段，慢慢抽絲剝繭日子給你的省思，慢慢對於重蹈覆轍出現的挑戰免疫，因爲一路走來的你，白色的比例越來越多，你越來越認識自己擁有的樣貌，越來越看得清楚世界運作的模式，然後從中找到最舒適平衡的生活方式。要是你好奇，怎麼樣才能接近百分之百的白色狀態，其實我也還不曉得，但我知道自己正在路上了，我們可以一起朝著那個方向前進。

最後，好好相信一件事：生活裡遇見的每一個人、每一件事，都是成就你如今獨一無二的因子。無論好人或壞人，無論好事或壞事，它們都是日子裡盛大的景緻。

別忘了
日子還有很多細節
藏著許多美好你未曾發現

CONTENTS

COLOR 02

40% 昏灰
自己的痛只有自己懂，沒有誰非得照顧你

COLOR 03

60% 霧灰
現在所有的努力，都會在將來開出花朵

CONTENTS

COLOR 04

80% 銀灰

再怎麼看不見盡頭，總有一點微光存在

大多數人靜靜孤獨地過著日子，
幾個闃黑的夜裡才允許自己展現脆弱，
總是這樣一個人獨自承受，
朝著想望的樣子，面向著想要的生活走去。
攝影©王毓淳

COLOR 01

20%

炭灰

生命總要有摺痕，
才能讓一切難以淡忘

歸零

這是我這輩子最常經歷的事。

好一些日子我覺得自己滿了。這種滿，不光是累積了好多一路走來拾得的成果與成就，集結過去經驗造就這個時期的我；也同時可能是堆積的複雜又尚未被妥善處理的感受，沒有一個具備安全感的地方可以寄放。直到我開始寫一些片段文字，把重要的記憶轉為文字的形式保存，確保再久的時間我依然能再次經驗到相似的溫存。

每寫下一些東西，我便可以慢慢汰掉舊的記憶，我既不擔心遺忘過去的重要細節，也為我將要擁有新的東西感到欣喜。當一艘船航行在不同區域的時候，船身因為風速、浪的起伏與角度、航行速度而不可能有一模一樣的晃動幅度，假使自己是個掌舵自己生活走向的舵手，那我們也無非是在每一次認知所有可能影響現況的環境變數後才學習應對的決策，所以生命裡的每一件事發生，每一個階段的自我重

當一艘船航行在不同區域時，
船身因風速、浪的起伏與角度、
航行速度而不可能有一模一樣的晃動幅度。
就像生命裡不會發生一模一樣的事，
隨時歸零回原廠設定，
每一階段的自我重新接納都是重要的。

新接納都是重要的。沒有任何一次的經歷會依照固定的形式發生，也許有類似的影子，但可能不會有相同的複製。所以隨時都要練習把自己歸零，小心翼翼地把過去設定的航速、角度重新調整，戰戰兢兢地面對每一場出海的航行。

在我生活的二十幾年裡，經歷著一成不變的階段轉換，也經歷著與眾不同的重大改變。前期我的前進都沾染著過去的回憶，像是持續緊抱過去的溫柔前進，後來才發現這樣的我，已經滿到無法再容納新生活給我的溫柔了；後期我開始慢慢理解，在每一個岔路口所需要不一樣的轉換都是一個重新生活的契機，重新調校航速與角度的時刻，也許曾經猶豫躊躇不前，也許腦海中還深深烙印著上一個階段揮之不去的影子遲遲不肯跨越過去，可是如果你已經滿了而沒有試著清空，那擁有更多的空間去填塞新的事物可能變得遙不可及。

當我們過度擔心自己是不是在以前的哪個時刻早就已經定型，我們便會更害怕去調校不適合的部分，讓不喜歡的生活無力被改變，讓不適合的人遲遲無法離開自己的生活圈。我們並不是在某個時間點就定型，就無法再改變自己的樣態，而是彈性的、可再重新塑造形狀的個體。

每經過一個階段的轉換，我試著收好過去那個時期的記憶，關於記憶的整理與分門別類，才更加清晰那將會是自己很珍貴的一部分資產，因爲世界上不會有第二個人，跟你擁有一模一樣的經歷，你得要用自己的方式去風乾和醃漬收藏那些回憶，確保往後迷失的時刻它能成爲找回動力的寶藏區。整理好的記憶就先擱置在一旁，接下來進入任何一個階段，我們都得要放下身段。

這樣的放下身段是指盡量消弭任何成見，不帶任何預設立場地去走進一個新的時期，掏空自己去盡情體驗新階段帶來的感受，而同時這樣的歸零，也剛好可以暫時擺脫以往的不順心，相信那些好與不好都過去了，再遇見的好與不好，也都是煥然一新的了。假使曾經的人際關係不是那麼順利或者某個挫折深深折騰著自己，而沒有試著歸零的話，可能就會帶著不夠自信的雜質走進下一個階段，就會有些困難再去敞開心胸認識新的人事物。如果歸零了自己，你會發現生活可以輕鬆地像一張白紙，每個階段就是新的一張，隨便你愛用什麼顏色重新去畫，畫你想要重新建立生活的樣貌，你可以盡情在白紙上畫你所嚮往的色彩。

歸零是爲了讓自己能夠容納更多的東西，沒有遇過的或者認知以外的。試圖理解能走到一個新的起點的自己已經很棒了，每個階段開始的那個自己，都是走了一條獨一無二的路途來的，收攬了無與倫比的風景，你現在的模樣就是你最好的狀態。

而我的故事，就是從一次次的歸零之中開始產生的，清空自己，把自己改回原廠設定，我擁有著對新階段全心全意的注意力，才能不帶任何成見地去擁抱接下來的每一刻，去體會時間縫隙裡灑出來的光芒。

脫離影子

期待自己的生活能熱鬧也許是許多人心裡小小的一顆種子，這顆種子也許尚未發芽，也許能從小時的幼苗最後長成蓊鬱的森林或花園。總是一直在觀察別人花園的樣子，而自己也會想製造出像樣的造景。不小心瞥見他人開出的花，就開始渴望也能在自己的土地上種上幾株。可是啊，你的土地有屬於自己的風景，有它既定的生長氣候，有僅屬於你的土壤酸鹼度和適合的花草樹木，一味地想要栽種不適合的植物，可能最後也只能讓它枯萎成其他植物成長的沃土。

群體社會中人們相處得太緊密，他人成功的樣子閃耀到我們無法忽視，甚或變得善於放大或持續追蹤他人的成就，並也同時產生追求類似影子的欲求。曾經迷失在不斷找尋他人擁有的植物中，結果最後自己想像的花園變成一座荒涼的沙漠。我曾有段日子瘋狂努力，把自己丟進繁忙的迴圈裡，努力地栽種花草樹木，努力想要經營茂盛的花園造景。我給自己很多追求不完的目標，總在每個時刻盡心竭力抓緊一個目標，爲的是不讓某一段日子過得太空，不讓某一個時期的花園太像沒人經營的荒地。

當我開始發現肩膀已經承受不住想背負的重擔時，我終於在自己刻意放慢的情節之下，才恍然大悟地深思這些包袱是不是屬於我的。偶爾看見別人閃閃發亮的路途，我就也會想要親自走上一段，想在那段路程上獲得幾朵花，帶回自己的花園栽種。出發點是好的，爲了讓自己的花園可以更茂盛、更多樣，也能在自己既定路程中多走一段去看看不一樣路程中的風景，但也得小心不要就這樣迷失在追求別人擁有的花種，因爲你要追求的，是那個屬於自己的。

如果汰去其中幾個時期努力完成的目標，我的生命依然會如同現在這個樣子，才發現可能是自己無意識地跟隨了他人的影子，依附著某些人的成長軌跡，好像不參與就會有所缺憾或感到心中的成就感少了一小塊，可是不必是這個樣子的啊。

尹維安有一句我很喜歡的話——「列好每日的任務清單，因此得以有策略地活著。」

那些或大或小尚未啓動追逐的目標，有些眞的具有必須完成的價值，有些卻只是被拿來搪塞閒暇時間的幌子，有些則是別人擁有而我也想要撿拾的種子。可是有限的時間與精力裡，如何有策略地滋長自己的花園，暫停下來過濾自己的任務清單，更能清晰看見自己預期的路，預期的花園輪廓。

我們可以規畫自己生活中的充實，可以先創造自身花園該有的基石，得先種出一點屬於自己的花，爾後再加上不一樣的種植。如果矇上自己的眼睛，某幾件想做的事情萌生在心頭上，那些才是自己內心渴望嚮往的，有時候我們都太過度倚賴眼睛所見、耳朵所聞，卻忘了聆聽內心發出最微弱的聲音訊號。那些才是，長成未來蓊鬱樹林的種子。

脫離別人的影子，你會長成什麼樣子呢。

無需仰賴或模仿他人的影子，此刻的每一分努力，就是成就未來茂盛的影子。

厭惡位移

你相信厭惡是會位移的嗎？曾經深愛的東西可能變得棄如敝屣；曾經憎恨的東西可能變得甘之如飴。

印象最深刻的是打開午餐便當發現配菜有茄子的時候，已經不再是像以前那麼厭惡了。原來先前棄如敝屣的東西，眞的有一天可能雲淡風輕。

有些事情的記憶總是會特別清晰，只發生過僅此一次，卻彷彿就烙在腦海裡的印子了。幼稚園的時候，總跟一位男同學比賽吃飯的速度，通常我們不分軒輊。可是有一次遇到了茄子，那是我第一次遇到那樣的食物，沒什麼特別味道，但就是因爲沒有特別味道、調味又清淡，再加上軟爛的口感讓自己彷彿在吃不知道是什麼的食物內容一般。像世界上發生的許多事情，我們一開始並不會知道自己討厭，是眞正遇到了之後那種厭惡感才會突然從心底升起。那時的我把茄子以外的食物都吃乾淨了，可是唯獨茄子，對我來說總有種難以下嚥的可怕影子，連想戰勝同學的欲

你會無奈的發現，
有些挑戰就是一而再，再而三的出現。
它的出現不是為了擊垮你，
而是提供你練習機會，
去磨鍊一套屬於自己的應對方式，
以便未來挑戰再出現時，
可以快速迎刃而解。

望都快速被不敢吃的茄子澆熄了。

從那之後我一直會有意識或無意識地避開茄子，媽媽更是爲了我，在準備菜餚的時候也都不煮茄子相關的菜色，基本上茄子在我家是個不曾出現過的食物。那個揮之不去的口感，總讓我在看到茄子的時候一秒想起，也經常把這道便當菜分給敢吃的朋友，他們總訝異說道：「茄子是很健康的食物耶！」

對茄子那種不明究理不喜歡的感覺，在對某些事情或人時也會有這種氣息出現，可能說不太上來不喜歡在哪或厭惡在哪，但在互動發生的當下讓我們產生濃厚的膩煩感，讓人不自覺地想遠離。然後帶著那份感受繼續生活，只是這次我們知道了，知道哪一類型的事件或人，是落在自己厭惡的區塊，我們很快就能夠避開。

對於以前的厭惡，我們以爲自己能嫌惡它一陣子，甚至一輩子，但也許恨久了我們再也沒力氣去緊抓當下過不去的那個癥結點，並隨著時間逐漸淡忘當初的掙扎。這讓我不禁開始思索，是不是所有讓我們心生厭惡的人事物都是有益處的，或許當下衍生心力交瘁或精神耗弱，可那也許是身體要保護自己健康所產生的機制。因爲有這樣的厭惡，我們開始在未來學會避開，或學會在下一次再遇見時，可以比較懂得怎麼做更好。

有些厭惡總是拖得很長，也說不上來到底哪裡痛恨，可是就是一直還沒遇到轉機的那一天；但有些厭惡，突然有那麼一天就消散了，沒有做任何努力，也沒有刻意執行什麼動作，那種厭惡感就從自己生活脫離了，讓過去的討厭不再是那麼地難以接受。討厭的食物也是，討厭的人也是；終於有一天你發現自己能把以前討厭的食物放進嘴裡，也能與那個厭惡的人好好說上幾句話，你可能不會理解那些厭惡感究竟是怎麼消逝的，但我想自己可能就會歸於時間的洗刷，也可能告訴自己這樣比較健康。

直到現在，打開便當再遇到茄子的時候，還是會爲了不要浪費食物而把它吃下肚，對它的接受度也漸漸提升，也會邊浮現「這是個健康的食物」的意念。這兩年我的餐桌上也會慢慢出現茄子的料理，烤盤上滋滋作響的茄子，再淋上蒜蓉辣椒油。終有一天我們會放下這些厭惡的感受，去化解對討厭的人事物那股嫌惡，重新建立起再嘗試的契機。

也許是爲了身心靈上的健康，也許是因爲這些經驗能讓我們成長，所以也就能慢慢試著下嚥，可以慢慢開始不逃避曾經討厭的東西，可以不用再去綁手綁腳在意那麼多了。

可能時間一拉長，那些厭惡再也構不成威脅了吧。當下或許都對我們的生活有著些微影響，而走過萬千風雨，我們只會慢慢感到疲倦，也會知道溫柔對待世界是怎麼一回事。會開始懂得思考厭惡的人事物日漸減少是好的，不斷交惡就像在自己的生活中不斷設下地雷，哪一天忘記了就會不小心踩到。

人生的延展像不斷地校正回歸，把錯置的部分移開，或讓它們自行漸漸位移，然後消散。我們都終會成熟地學著把不喜歡的東西好好消化，減少與人事物交惡，越多的和解，我們越能走向和平的地方。

勇氣退化

想起小時候總是擁有銳不可擋的勇氣，最期待班遊去的地點是遊樂園，可以玩盡各種刺激的設施，剛好搭配那種血氣方剛又愛逞強的年輕人性情。那時我對名勝古蹟的行程毫無興趣，除了了解歷史以外，僅剩拍照到此一遊的功能，回家後還隨即忘記那些歷史意義，但怎麼說也總忘不了遊樂設施上獲得的刺激。現在卻是坐個旋轉咖啡杯就暈得可以，所以很多興致和勇氣都會一併退化的。

人們都說越挫越勇，遇到越多的挫折越會理解勇敢是怎麼一回事，隨著年紀增長，我發現有些事就是越來越害怕了，我的心好像越來越萎縮的臟器，以前乖張的無畏早就收斂許多，不敢再那麼橫衝直撞。遊樂園也再不是那麼令人期待的地方，因爲長大的過程裡，刺激的事物數量指數成長，多到平時就已經承受許多壓抑的我們，後來連娛樂也都趨於平淡的名勝古蹟即可。

時常回頭嘆息小時候純眞的勇氣，那個時候沒有那麼多的限制和現實考量，

總是仗著年輕以及澆不熄的熱忱，還有源源不絕的動力與強大的執行力，總能把心裡所想的事情成眞。或許是以前太順遂，每一分渴望的目標最後都能順利被實現，每一道閃耀的光芒最終都能收攬於身。慢慢長大後，與現實的距離越來越縮短，考量的因素越來越多，還有眼睜睜緩緩流失的青春，再也不能仗著年輕的本錢，毫無規畫地勇往直前。

現在每一個選項的機會成本都顯得相對高昂，也是因此導致我們在決定每一個選擇的時候越來越保守。以前義無反顧往前衝的勇氣逐漸失守，慢慢離開了身體，沒有那樣青春無限的本錢，只能時時刻刻小心翼翼地對每個選項可能產生的結果進行沙盤推演。

關於這樣的變化，我理解的是，充斥著刺激元素的境地從樂園轉往日常生活，以往挑戰的強度不太高，我們只需要一些勇氣用於日常，剩餘的可以消耗在遊樂園的刺激設施上。長大後日日夜夜接招高強度的挑戰，刺激程度並不亞於樂園裡的設施，當刺激頻率日益升高，我們也將越趨於習慣。

勇氣或許並沒有退化，只是更社會化的我們早已學會將這個利器用在更合適的地方。當我們站在更高的視野，便擁有更寬闊的眼界去看見如何讓一件事的達成可以更細緻、更有策略，越長大越發現事情有所侷限，所以想要完整完成一件事，先前的決定與規畫時程也都拉得更長了，我們的勇氣就是用在與這些變動要素周旋的，勇氣使我們擁有更銳利的視角看清楚變動的屬性，也是因爲這樣在決策的過程中更加沉穩了。

對於樂園的期待消退，這看似關乎勇氣的退化，後來才發現生活裡需要大量的勇氣，當我們習以爲常地在日常裡運用它，我們只是更懂得把珍貴的東西擺在更合適的位置而已。

換季

厭倦了每經歷一次生命階段轉換的週期震盪，就得要再適應一部分朋友的流失。我明白有些人曾有過這樣的經驗，在國中時很要好的朋友，升上高中之後還會持續聯絡的寥寥無幾；而高中很要好的朋友，在進入大學後又漸行漸遠；畢業後進入職場，也會再蒞臨一次同樣相似的難受。每一次這樣的週期，都叫人益發擔心與焦慮，自己打從心底渴望彼此的關係持續延展，即便無法再添入更多的精彩，至少要維持現在美好蕩漾的形狀。

曾經那個夏季在烈陽高照裡遠行的你們，在一個熱鬧的海灘上欣賞晚霞的浪漫色彩，海風眷戀著你們的髮絲，碎浪在腳掌間追跑，白沙緊擁著肌膚，身上都鋪著海的味道。那是難得可以只記得放鬆的時日，手機相簿裡躺著到處遊歷的合影。一些一起去過的城市裡擁有熟悉的群聚影子，從老街到廟宇，從山地到海灘，連落地的影子都黏在一起了。後來那些黏膩的情誼卻也在夏日的畢業季裡，慢慢的被分

離了。

我相信，人與人能聚在一起，是因爲擁有某個共同的樂趣，那是你們擁有彼此才能聽懂的語言，也只有彼此能夠聽見話語裡藏著的祕密。或許風雨同舟讓你們學會了即使自己快要被巨浪淹沒，也能同心協力戰勝困境；也許緊密地靠著彼此支撐過一段生活，才能理解成長的樣貌和過程的青澀會如此歷歷在目。在經歷跌宕起伏後最終明白，一個人可以走得巧，但一群人可以走得好，才會有一種珍貴的感受是，自己的某些日子是築在以好友爲基底的結構之上的。我們其實都很清楚，這些濃稠的曾經的回憶，沒有那些一起創造的人，根本就產生不了什麼意義。

而我定義這些來來去去的過程，稱爲換季。

每個季節可能遇見另一批新的人，再次的相識，交好與靠近，每個人來去都是因著自己的季節，每次的階段轉換就像換季。也或許在這個夏季離開自己生活的人，在下一個年歲，又不知不覺把兩個人的生活交織在一起。我們擁有的精力不足以留下所有在路途中相遇的人，假如生活是一場漫長的馬拉松，進行比賽的過程中，也許有些選手和自己的跑步速率相同，一起跑了一小段重疊的路段，後來就落後或衝刺向前；有些選手可能從後頭快速居上，再快速超越，後來他們的背影就消失在視線裡的一個小點；也可能會有一些始終保持與自己相同速度的選手，一起跑抵終點。一個人就像自己的星球自轉，你有自己的任務和夢想得要完成，有時得衝刺，有時得放慢，你無法期待世界上有兩顆星球用著同樣的速率自轉。

每個人都在執行著自己的四季，偶爾風雲變色，偶爾日麗晴朗。兩個人的頻率得要對得上，才能一同交織情誼的綿長。不必擔心人際關係的殞落，因爲每一個時期都會湊成一組新的生活隊友，有些人嶄新地到來，有些人汰舊而離開，有些人離開了又再次蒞臨。我不喜歡把那些漸行漸遠的朋友視爲失去，因爲心裡知道他們一直都在，只是換個方式存在，一直也都過得好，只是各自暫時不再當彼此的隊友了。

就儘管把握和你在同個季節裡的人們吧！你擁有的是你們一起建構的曾經，是那些回憶促成了動力，即使未來可能各自遠行，你心裡還是會留下時光的燦爛和他們給過你的勇氣，在你往後面對任何一次困境，都能好好地與現在在你身旁同舟共濟的隊友，一起突圍前進。

取捨

畢業後和碩班那些一起戰鬥的朋友分隔兩地，便只能透過訊息的方式聯絡到彼此，有次在下班回家的火車上看到R捎來的訊息，她自嘲著自己在心裡偷偷嫌棄我沒回應她的訊息，結果竟是她自己讓我在對話框裡顯得孤零零。

我沒什麼特別的感覺，因爲曉得最涓涓細流的友誼是平時各自努力各的，然後在某些引發共鳴的時刻又交會在一起，所有情感的餘溫都會在這時急速升溫。我們聊了好一下子彼此近期新結識的人，R憤恨不平地說著自己被人吸引，開始願意付出更多卻接著被冷落的經驗，委屈地訴說著自己總是心軟於看起來身處低潮的人，給予得太多卻被棄如敝屣，然後把那些源源不絕的愛都倒進了不值得的地方。她說想要割捨，但又礙於情感並不是非黑即白的結論，總是想狠心斷捨離卻又走向心軟的結局，總有些餘燼不是那麼快可以燒成灰燼。

如果有些閃亮的人教會你向他靠近，那就也會有一部分灰暗的人教會你向他遠離。當我們意識到自己給出的東西必須暫時停止時會感到有些不習慣，甚至彆扭，乖張地不想承認眼前的這個人並不適合。有些人的離去雖然會造成暫時的暴風式傷心，但也得明白他們的離去著實讓自己的生活負擔變得更輕，走往下個日子的腳步更加輕盈。

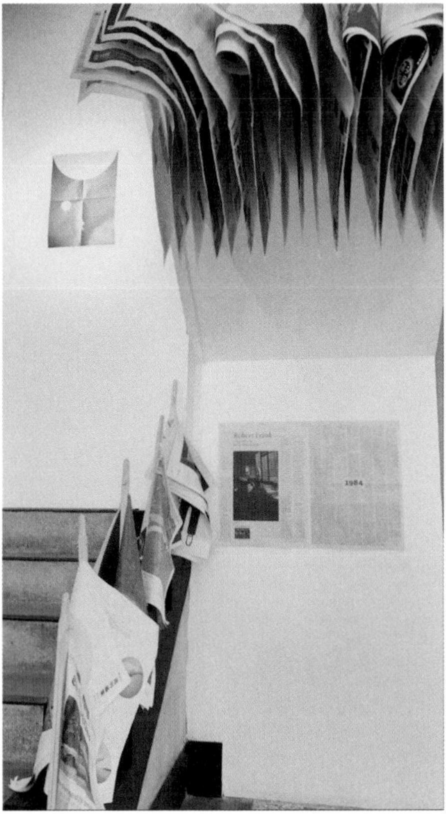

也許傷過幾次心，便會開始釐清，
關係的演變長遠來看不一定是平整的線。
可是彼此都已經努力維持，
變質的東西像化學變化，變不回去的。
給對方一個深深的擁抱，
如果沒有走這一趟路，
就無法擁有認識彼此的幸福。

幾個日子裡我們為關係耗盡體力，在來回的拉扯裡糾結心思，夜裡苦惱地不得安寧。抓不住的人，就放手吧；不想留下的人，就讓他走吧。取捨在切割之際黏纏著我們的各種情緒，試著把深陷在泥淖裡的腳抽出來，看看那些混沉的雜質是如何汙染自己的純淨生活。

「可是我曾經覺得他很好。」我們都太常用裹著糖衣的毒藥企圖說服自己，而他可能「曾經」真的很好，然而他的那個好已經成為過去式，他的那份好已經在此刻的你身上顯得不合時宜。

在過度自責關係無法延續，悔恨關係沒有持續維持在好的平衡時，請你記得，他的好與不好都與你無關了，而你的好與不好才是你要珍視的。

R說自己像個母愛噴發的女子太容易疼惜他人，當她說想要丟棄這個習性的時候，我反而覺得好可惜。很多時候其實是我們的特質在某個時刻被濫用，但我們不能因此去責怪自己太過善良，它只是在錯的時序被錯的人誤用了，你的善良會因此遞嬗，接著在下一個值得的時光裡被悉心接納的。

你的好與不好都是你很重要的一部分，在變好的同時，把不好的地方先收著，取捨不是用在這個地方，因為你不喜歡的部分一定也有它派上用場的地方。取捨是在決定自己的生活要留下誰，就像排列得很優美的骨牌，但其中一個不合適的人就卡住了骨牌的流暢性，也不能因為一個不對的人就讓所有已經排列整齊的骨牌全數倒下，一竿子打翻一條你所有特質的船。

就先放著

在我經營的文字帳號裡常常有讀者來信，是關於他人給的期待。以前讀過一首很喜歡的小詩，是天橋下的〈拼圖〉——

慢慢來
不要太快把我拼好
我也有點害怕
自己完整的樣子

認識自己的過程是一場沒有答案的漫長冒險，我們無非是手持一片又一片拼圖，小心翼翼試著拼出自己完整的樣子。過程裡我們會遇到停頓的時候，停下來懷疑這一塊拼圖放在這裡究竟是對的嗎？就像某些做決定的時刻，我們總會遲疑地問自己：這個決定究竟是對的嗎？

世界沒有固定的顏色與形狀
你可以塑造自己想要的精彩

承接來自自己與外界所投來的眼光，那些眼裡呼之欲出的期盼，讓不安與焦慮常常在我們的心裡形成戰爭，每一個選項都是一支參戰隊伍，彼此優劣的砲火相互攻擊著。我們會害怕選擇所帶來的結果，一邊擔心沒有選到心裡最想要的選項，一邊擔心自己身上被加諸的期待眼光轉而流露失望，然後所有焦頭爛額的擔心都讓我們顧此失彼。

有些別人想給你的東西就是會不停地來，還有更多沉重的包袱是打著「愛」的名義，卻是包裹著自身期待的糖衣，我們每次才剛接收並完成了一項，努力拚搏就為了去迎合某個人的期待，完成後卻又有排山倒海而來的新的期待。在還沒有準備好要接收、還沒有足夠支撐自信的那個自己，自卑得無法欣然接受這種以愛為名的負擔，也無法再承受更重的期待。

只是想和你說，不是所有別人給你的期待都要全盤皆收，有時減少干擾的訊號才能讓自己更靠近心裡的喜好。世界上不會有你以外的人知道拼圖的形狀，所以安穩地拼出你自己的拼圖，它擁有它所屬的模樣，不是別人所期待的圖樣，那樣豢養他人期待的色彩實在太辛苦了。害怕他人期待落空的時候，就適時停下心裡的戰爭，問問自己想要成全的，究竟是自己想成爲的樣子，還是別人心底期待我們所展現的樣子。

我們就是難免會收到一些還沒準備好要收下的東西，那就先放著吧。

放著和放棄是不一樣的事，放著是暫時的擱置，等待我們有一天準備好要迎接，那些東西依然不會變質；放棄則是讓那些東西就此與自己錯過，等我們準備好了，再也找不到當初的那份東西。放著的好處是，讓一些曇花一現，只爲了塡補某些人欲望的期待化爲粉塵，你根本不必爲它花上更多心力與心思。另一個好處是，也許你這樣默默耕耘的日子剛好有所成就，而你發現這些成就剛好符合一些人的期待，你讓那些人終於等到燦爛的花開，這也會是你意外的收穫。

還記得開頭那一首詩嗎？慢慢來，不要太快把我拼好。重要的是慢慢來的這種節奏，焦急可能容易招致弄巧成拙，太汲汲營營接收每個人的期待並完成它可能導致迷失自我。不用急著去放棄被拋出來的期待，時間會爲你過濾最合適的答案。

慢慢來，不疾不徐地，一塊一塊拼，世界沒有固定的顏色與形狀，你也沒有一定要成爲誰期待的模樣。

有效期限

去年當疫情升級警戒宣布遠距上課上班之後，把大家慣性的生活模式翻攪得一團混亂，把多個日常分散的出沒地點都濃縮在住處。特別像我這樣多重身分的人，在學校、實習公司、家鄉都有我的足跡，後來出發的原點也變成了終點：我的家裡。

所有空間霎時間交融在一起，少了物理空間的換置，容易因連續的忙碌而對時間漸漸模糊了意識，然而，偶爾還是會被曝光突如其來的提醒，讓我們對時間的掌握又重新清晰。比如在那個興致勃勃整理錢包發票的午後，看見一張突兀的單子，仔細一看，是北村豆腐家台北市政店的霜淇淋兌換券，這張紙瞬間像時光機把我載回到那一天。

那是一個再普通不過的日子，陽光依然明媚地曬著市府捷運站三號出口前那塊環境優美而愜意的空地，人們依舊邁著日常的步伐前往各自的工作崗位，誰也沒思考過，一個劇烈的挑戰正在伺機而動。

那天因溝通業務需求與主管開會到將近中午休息時間，回到座位上時，發現同事都不在各自的座位上，正感到些許疑惑時，才在手機訊息欄中發現他們留下的訊息：「快來北村，我們有幫你留位子。」時代百貨地下一樓琳瑯滿目的餐廳中，北村已經收買了我們的胃，每每正午十二點去絕對要落入擁擠的排隊人龍中，所以只要它今日雀屏中選，我們都會特地提早一些時間前往，就爲了再細細品嚐一次那無與倫比的美味。其實當天心裡沒有太想要吃餐廳，因爲想要吃得節省一點，我邊思考要不要自己去附近的麵店吃碗簡單的麵就好，而步伐卻又逕自向著時代百貨前進。我想到的是，每一次與這些同事們一同用餐，我都能收穫到不一樣的事物，無論是誰近期投稿上一篇國際研討會，又或是誰爲了畢業後銜接工作完成了一場高難度的面試。

我非常喜歡聽實習崗位上的同事討論這些事情，或許因爲大家都是相關的科系，同時也都是擁有迴異多彩的成長背景，正是因此才能在談論的議題上擁有相當一致的共識。這一場又一場的午餐聚會，沒有太多天花亂墜的八卦，反而是精實的

B
A

知識與經歷交流。

你並不會覺得這些人特別銳傲或刻意張揚自己的某項成果，而是當你親身走進一個更高層次的群體裡，你會發現他們談論著你沒聽過的故事，你會感受到這樣煥然一新的光景。

這些就是超越一頓飯價格的意義，因爲從同事們身上獲得的價值遠遠超越一頓飯，可以說是身心靈並行滿足。霜淇淋券是那一天飽到連甜點都吃不下才留下來的，那一頓飯後沒多久，政府就宣布施行遠距上班，我也回到自己的家鄉，好些日子沒有再回台北了。兌換券上寫著「一個月內兌換」，算一算日期，可惜已過期。

惆悵感隨著疫情一同肆虐著，原本排定的各種活動也一一順勢取消。越來越不樂觀的狀況也延展到我們實習計畫的末期，世界有時就是這麼調皮，偶爾慢得讓人感到太過冗餘，偶爾又快得讓人措手不及。結果那一頓盛大的午餐，成了我們最後一次與彼此用餐的回憶。我們爲期一年的實習生活就在慌亂的遠距過程中劃下戛然而止的句點，連那句和彼此當面親口說聲「後續加油喔，掰掰～」的時間都被推延得益發遙遠。

而我們終會銘記這些突發狀況帶給我們的許多啓示，我記憶裡最深刻的仍是「要及時做想做的事情」。如今過期的不過是支可口的霜淇淋，往後還有多少會突然間就把握不住時間而過期的東西，還有多少會過期的愛人、多少會失去期效的事物。這段時間潛移默化教會我們的，是更及時地去表達想要說的話、去執行想要做的事，把握每一個契機，因爲我們都不會知道哪些東西突然間，就過期了。

那些未竟事宜太令人傷心了，就算幾個月後疫情逐漸好轉，那些已經失效的東西早就變質，無法再恢復原本的狀態了。

結霜

如果有一種標誌是專門爲傷心設置的，那麼在我和他一起走過的區域，地圖上應該都會看到這些標誌。

我已經太害怕觸及我們共同擁有的回憶，比如豔陽高照時想起河堤邊吹風散步的我們，你大老遠地從老伯販售商品的腳踏車旁，端著一杯冰涼涼的西瓜汁興沖沖地朝我跑來；比如暴雨落下時在街上狼狽得來不及回到住處的我們，你傾了半邊的身子爲我撐傘，雨水在你肩上印出濕濕的痕跡，但你眼裡仍全是我有沒有淋濕的關心。

你岔開了我前進的路途以後，我像偏離運行軌道的星球，再也無法倚賴著一個中心定點公轉。隨意一個畫面都可以癱瘓我的淚腺，快樂分崩離析，我曾在最失落的地帶裡漫無目的地飄移。

後來所有的旅行，我會盡可能不要靠近曾經一起去過的地方，讓記憶被冷冽

感受到困難阻礙自己往前
明白沒有成長是不需要疼痛的
有些證明必須用痛苦才兌換得到的

的霜凍結在原地，我試圖讓那些區域在印象裡就此荒涼。我害怕再走上同一條街，吃到同一間餐館，買同一間手搖飲料店，失去了愛的關切，換來了無數害怕的風險。當微風揚起地上的塵土時，我害怕我的眼睛莫名地流出敏感的淚液。有些湖泊得要花上好些時間才會被霜凍結，就像有些傷痛也得要花上好幾年才會開始發酵，沉澱的傷才能不再因爲再次走過而塵土飛揚。

曾經和煦的陽光也可能被烏雲掩蓋，曾經順口的糖蜜也可能發霉腐爛。每一場愛戀或許有它預設的結束時間，就像一場不能復返的遊戲，時間到了，請你離場。

我明白時間可能可以讓我們遺忘一些難受，但我也明白，在接下來幾個以年爲計算的時間單位裡，傷心會鋪天蓋地，塡滿你生活的所有縫隙，那些該被封鎖的記憶就這樣不著痕跡地入侵。有些事不是說忘就能遺忘的，有些人不是說不愛就能不愛的，給出去的眞心沒有被兌現，後來也就成了絢爛煙火後的灰燼，依然有意猶未盡的餘溫。

那麼多的日常裡，你的影子拖得好長，長到我曾懷疑這場夢境的眞實性，也會懷疑我眞的能讓傷心遺留在原地嗎？即便不可能忘懷。當我刻意控制自己不去做怒意指使的行爲，開始會爲沒有說出口的話感到後悔，後來那些適時的字句已經在心床上受潮腐敗。你已經優先與自己和解，只剩我還在原地委屈地把自己投射在某個受害的角色之上。

一個溫暖的人像一場燦爛的光照，那種感受有多幸福，後續就得要花多大的力氣去重新適應沒有光照的冬季。時間再過得久一點，也不會記得究竟是被雨滴沖走了傷心，還是被風風乾了恨意，暴風雨之後，最終最終還是會歸於平靜。曾經圍繞著某個執著的點，以它爲圓心，繞著圈生活著，後來沒有了向心力，終於可以往不一樣的方向前進了。你的身影在視線中變得模糊，眼角泛出的淚後來也都已經結晶。

地圖上傷心的標誌一一被雪霜覆蓋，你離開了以後，剩下的日子都結了霜，得要等到下一個暖陽來到，才有可能融化。

摺痕

印象裡最早發現摺痕可以成就更美的樣態是在染布工廠裡，參觀的行程總把染布DIY活動也容納進去，站在待風乾的羅列染布前，我發現越多皺褶痕跡的布被染出了相對複雜的花樣。要染出特別複雜雪花般的形狀的時候，通常會需要很多折疊的工法，如果一塊布平平整整，那可能只能被染上某些較單純的形狀，而那些繁雜又多工的皺褶才能成就更精彩美豔的花樣。

皺褶是由後往前再反摺的重複程序，就像我們生活總會遇到幾條不通的路必須折返，或者幾顆絆腳石子讓路途崎嶇乖舛。假如生活是一張面積非常大的布，我將那些困境與挑戰視爲摺痕，因爲某個時期的我們正面臨著高頻率地嘗試各種選擇，經歷了煎熬、猶豫、質疑、停頓、決定的行爲循環，再從反饋中抉擇：我要在這裡回頭，還是繼續往前？而繼續往前也可能會再次面臨下一個岔路，那又是生命裡另一個摺痕了。生活前進的節奏本就忽快忽慢，不同的節奏造就了不同密度的摺痕，有些密集緊湊，有些零散疏離，或許眞有某一個階段順利地像平整的布，但也不免俗在另一個階段遇見不同形式的皺摺。

但無論如何，每一處皺摺都會爲你人生這張布染上不一樣的花樣，意味著每個你對於困境或挑戰所做的決定都會爲你的生活添上不同的意義，這些皺褶便使生命擁有更珍貴的花樣，那是屬於你獨一無二的形狀。

曾經我很嚮往平淡的一生，害怕生命這塊布上面有任何不平的皺摺，即使可能會是很小很小，小到無傷大雅的那種皺褶，我依然感覺自己用盡全力避開。

當我還是經常爲曾經發生的災難形成的皺褶而感到自責的時候，我想起C和我說的，如果我的一生都沒有困境的發生，根據我的個性應該是持續往前衝的那一類型，但也就是因爲生活中突發的皺摺，我才在踉蹌的步伐中意識到暫時停下來是這一刻該做的，不再前進得那麼快、那麼莽撞。人們前進的方向並不是單一的，有時候轉向或換個方向，卡住的地方才會迎刃而解。每一次生命裡的皺摺都是教我們看見，我們更想成爲什麼樣的人、更想追逐什麼樣的生活。她說最可惜的是，你其實知道自己想要成爲哪樣的人、想要哪樣的生活，卻在一味往前衝，想要迎合他人

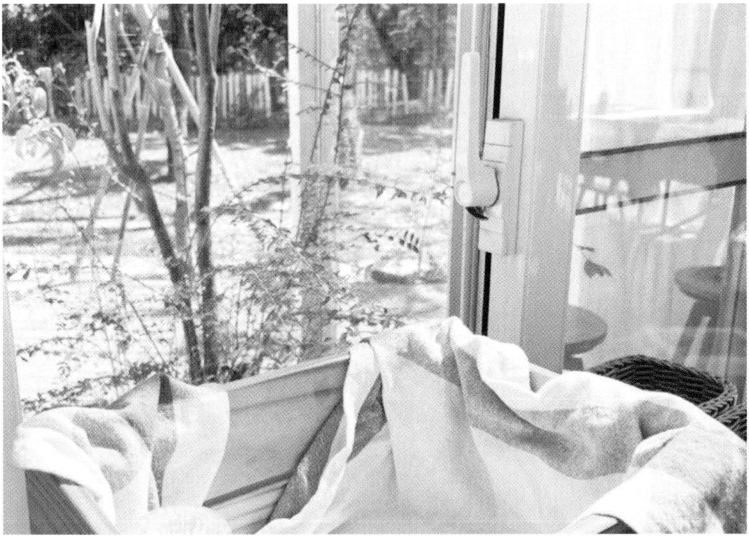

喜好的過程裡，這些更重要的東西就被忽視了。

沒被好好正視的，會在下一次用別的方式再次提醒你。

染布工廠裡眾多布被掛起來晾乾時，我知道特別好看的形狀，是用最複雜的皺褶製作出來的，當我們在羨慕他人擁有璀璨的生活時，提醒自己那些成果或許得來不易，或許是經歷過大大小小的挑戰才有的收穫。同樣的，請不要唾棄你在成長過程裡走過的每一步足跡，每一個步伐都帶你走抵某個地方，即使前方遇到岔路，即使前方是死路，每個腳步的異動都在爲你生活的布烙印上或大或小的摺痕，如此你的染布才有熠熠生輝的光彩，我也相信，一個人的生活越是擁有明媚的形象，可以篤定那背後是由萬千摺痕兌換來的。

再也不那麼害怕挫折的發生，因爲曉得每一次的困境都會帶給我新的形狀，成就更好看的圖形。過去承受不起的，現今已經有勇氣拾起，我想這些是時間催化出來的勇氣，把急躁的步伐調慢，重新調配好前進的腳步。遇到岔路時可以清晰分析；遇到死路時也不倚靠蠻力想自行開發捷徑。

或許我們的一生都在學習快與慢的節奏平衡，學習慢工出細火的皺褶工法，遇到困境時停下來或往回走是沒有關係的，唯有掌握適合自己的節奏才能創造出唯美形狀的染布。害怕皺摺或許是人之常情，但是只要我們擁有勇氣深入去看見那些皺褶帶來的美豔，就能敞開心胸像個探險家去挖掘出更多發現與洞見。

每一次生命裡的皺褶都是教我們看見，
我們更想要成為什麼樣的人、
更想追逐什麼樣的生活。
每一處皺褶都會為你人生這張布染上不一樣的花樣，
那是屬於你獨一無二的形狀。

COLOR 02

40%

暗灰

自己的痛只有自己懂，
沒有誰非得照顧你。

陽光曬不到的地方

就像候鳥擁有屬於牠的棲地，而每個人的祕密也都有所屬的歸放之處，在那個沒有被掀開的隱密空間裡，或許置放著許多不願爲人知的祕密。

人們內心本能地渴望被理解，但有些無以名狀的困擾和傷心終究是說不出口的，或者更精闢一些，有些感受本來就是難以透過文字去描摹的。像冬日午間行經在路上觀察到的，有些房子的角度和位置終究是曬不到陽光的，有些騎樓位在背光的地方，想像那裡有股揮之不去的徹骨寒意，就算陽光普照也無濟於事。陽光它是眞實存在的，卻沒能溫暖所有空間，怎麼樣也照不到某些地方，所以還是透著陰寒的氣流，而我們的內心也有，有一些曬不到陽光的區塊，常年飽受淚的潮濕。

感受這種抽象的本體本就難以透過文字闡述，所表達出來的與心裡想的落差讓我們常把到了嘴邊的文字又配著眼淚吞嚥，因爲人是群體動物，我們總是容易受周圍環境因素限制，說出來也許難以被理解或接受，反而助長了傷痛，所以選擇壓

抑感受。後來我們都聰明地學會自己在心裡騰出一個空間，置放這些失語的痛楚。因為在一次又一次試著求救的溺水過程裡，發現越是張大嘴巴發出求救聲音，就越會喝進更多苦水，然後肺裡沉積的都是比原本困擾更苦的東西。

想來也是難過，生活裡擁有許多支持自己的角色，有人能同理卻沒有人能完全體會心底的那一道道刻骨的傷心。其實並不是世界不夠溫柔，而是落差的經歷與認知造就了無法完全一致的感受，所以人們才說有些痛只有自己能懂，痛起來的感受也只有自己經歷過，而也只有自己能夠全然照料好自己的傷口了。變得成熟的一個訊號是，在面對自己內心不勝枚舉的議題時，我們已經學會不張揚外放，不倚靠外界來撫平自己的缺口，最嚮往的，莫過於心裡那塊空地，讓傷心安心地置放進去。

我曾在情感受重傷的時候試圖強迫自己快速復原，後來才逐漸認知到，世界上沒有任何一種受傷是不需要復原時間的。人心沒辦法經歷物理變化，所有的受傷就是一場破壞式無法回歸原型的化學變化。像所有生理上的傷一樣，需要敷藥也需要服用藥物，心理的傷也是。還有某些傷，其實是一輩子的事，就像小時候打球受了傷的腳踝，至今還是脆弱得要命，總是會在季節流動時，風濕特別有感。

這樣的際遇讓我開始不再使用時間長短或疼痛程度來衡量自己感受到的痛楚，也不再用他人的三言兩語評估自己痊癒的程度，有些陽光曬不到的地方社會大眾是看不見的，不奢求視野被遮蔽，只選擇見到光亮之處的人能理解，痛與不痛、痊癒與否不是建立在他人嘴上的，只要你感到不舒服，就是眞的不舒服，那就得要慢下腳步悉心照顧自己。

在療傷的時候，你要給自己足夠的時間，傷痛復原不會是明天就發生的事。也可能傷害初期是急性的，後來演化成慢性，更長的療傷期可想而知。你得盡力站在自己這邊，脫下世界給你的社會化濾鏡，別再用他人的視角關注自己，否則「這樣一點小事也這麼難過」「你想太多了」這些並不具備同理心的胡言亂語，也常造成混亂的自我懷疑與痛苦加劇。

你的傷心一定有合理的解釋，那些解釋是自己曾經感受重要的依據，並不是他人三言兩語就能輕易定義的，心底早就賦予事件或關係某種深刻意義，所以才會在受傷時更感撕心裂肺。

生活的過程裡難免遇到不如意，有時候輕如瘀青刮傷；有時候重如失足跌跤。你就是懂自己受傷、懂自己痛的護理師，做自己的陽光曬自己曬不到陽光的地方，好好療自己的傷吧。

好好記得

如果現在你的腦容量僅剩裝載一件事情的負荷，你會想要記得什麼呢？

那時是很接近暑假的時刻了，幾乎天天日麗晴朗，日子被疫情衝擊得零零散散，少了與平時常接觸的人互動，記憶也跟著稀稀落落。有些日期還得要特別記錄才會記得它總也在時光上促成一些意義的代表。一如我喜歡用各種顏色的標籤，分門別類每天的行程，在 iPad 上用月曆格式的筆記，圖文並茂地寫下當日的心情。我常用酒紅色寫下重要的事情，用蒼青色寫下日常心情，如果有約朋友聚會或見到重要的人，也會用不同顏色代表他們每一個人。生活就是一堆例行公事與小驚喜集結而成，所以縮小來看整理過的日記，就會是色彩豐富的。

想要記得許多好的感受與快樂的片刻，可惜人的腦容量再怎麼龐大，舊的回憶也容易被新的記憶反覆洗刷，故事像不間斷的電影持續播放著，還得要趕上下一個精彩的情節。找到喜歡的方式去記錄想要記得的內容，才能隆重地與每一段記憶

經歷留給我們的溫柔
是儘管未來日子漫長
我們仍能一個人堅強地走

好好道謝。確保這些回憶時時刻刻保持新鮮，讓我們再重新想起時，彷彿能再重溫一次那個剎那的感動。

生活本來就是一幅好與不好事件的拼圖交織而成的畫，有快樂就有悲傷，有成就也有挫折，有晴天也有雨天。沒有一帆風順的生活，也沒有一路飛黃騰達的人生。印象中有個深刻的迷因圖片，假設人的出生是在山底，那麼我們要爬到頂峰並不是一路往上，中間可能有陡峭的山坡需要拉繩索上去，以為抵達高峰時卻發現你必須往下深入山谷，接著涉溪跨越，才能再往上爬到下一個更高的頂點。就像我們面臨的每一個階段的轉換，都有它新的挑戰與要適應的要素。

在面對像是難跨越的激流一般的失落或挫折，本能地掀起一陣強烈的自我懷疑，評估自己的能力，批評自己的目前狀態，最後還下一個最黯然神傷的註解：我沒有能力跨越這道關卡。於是在原地待了許久，也同時欣賞了不一樣的景緻，休息放鬆片刻，終於我們又有勇氣勇往直前了。

在低潮的時候身體聰明地自動啟動保護機制，這樣的自貶是為了在猝不及防的災難裡阻絕更多的傷害。當我們開始認知自己沒有能力甚或一文不值的時候，反而會因循著這樣的無價值感，感受到新的嘗試只會更好不會更壞，因爲目前的狀態已經是你所能想像的最悲慘的極限了。終於也能理解「每一次新的挑戰，都會是一次新的轉機」這句話的眞諦，因爲接下來不管是暫時停留在原地休息，或者任何不一樣的嘗試，終究都會成爲自己接下來的生活中一個被標記起來的轉銜點。

如果腦容量只能裝載一件事情，願你記得自己是很有力量的，在風雨裡前行的你擁有足夠的韌性，也許前方的路途滿布張牙舞爪的荊棘，也可能使你跌入幽暗的深谷，但你也能明白終有一天可以靠自己爬上來，你持續不斷的韌性會像在沙漠裡終於看見補充水分的綠洲，就爲自己每一次的勇敢小小地打氣喝采。

記不住所有的事物，就記起勇敢的那個自己吧。

像水一樣

年歲越來越增長，讓我們在現實的洗禮之下變得越來越柔軟。這樣的柔軟不知道是習得而來的禮物，還是它是各種挫敗跌傷後一種結痂的形式。從年輕時的血氣方剛演化至成年後的柔軟，這是一個光譜般漸變的歷程，像秋天悄悄染黃樹上原本翠綠的葉那樣，偷偷的、不經意的。

長大的我們無非找到一種應變方式用以適應往後會遇到的各種可能情境，如果要用一種比喻，我可能會說人要學會活得像水。

水可以是氣態、液態或固態，可以是各種狀態存在著。以前也許是一塊有稜有角的冰塊，擁有獨一無二的形狀，但爲了融進團體生活裡，我們學會用各種器具切削掉自己的稜角。那些遺失的水分就順著空氣漸漸蒸發，像無脊椎動物隨著季節蛻皮，你終得爲了圓融活著而需要褪掉不合時宜的性格。

在逐步成長的過程裡，我開始認知到冰塊不再是那麼適合的形式，液態或許

更容易也花費更少心力去把自己融進社會各種不規則的框架裡，因爲有太多種社會既定的運行規則，所以活得像水，便能讓自己更柔性地去應對。既不需要特別汰除在此時期不適合的性格，又能在需要之處展現它，很多身上的特質我們只是選擇暫時收納起來。

當世界要我們在學校裡做一位乖學生，我們就能把自己塑造成好學生的樣子，做好該有的本分；當世界要我們在企業裡做一位盡心盡力的職員，我們就能把自己刻畫成一個盡忠職守的員工；當世界要我們做一名好子女或好伴侶，我們也能展現孝心或者溫柔，去符合我們對一個角色持有的印象輪廓。

當我們踏上一段又一段嶄新的路程，會發現一路上有好多好多的角色等待我們去揣摩成爲那樣的角色。所以越是能快速切換，迅速用合適的樣貌去媒合一個角色要展現的樣子，就越是能如魚得水地過上快速適應的日子。

有些疼痛或許來自對環境的不適應，執拗地想持續自己原本的樣子，殘忍的是，世界不會爲你客製化一份屬於你的社會規則，你得要隨時換上相應的保護色，才能在五顏六色的世界裡不顯得太突兀。如果一直作爲冰塊，可能每替換一種角色就得消去某部分突兀的地方以融入該角色的不同形狀，久而久之，那些珍貴但不一定在這個時刻會派上用場的特質就也被磨平了。

做自己最好的狀態是你不需要特別去改變自己，但你知道什麼時候你可以是固態，什麼時候你可以暫時蒸發爲氣態。人們的彈性是能涵融很多狀態的，比如在不想發生衝突的局面變成固態，或者輕如水氣佯裝不在場，或是趕快把自己溶解，假裝不在那個難耐的現場。當你可以調教自己相對應的狀態時，就會覺得做起每件事都像是有種力量在支持，但最後發現，你只是太理解自己的長處和缺陷，也很能合宜掌握這些屬於你的特質施用。

水有很多種形式，你的多項特質也能是各種狀態，那些狀態只是開或關，使用與未使用，不需要被丟掉。一生都在練習著狀態的無縫切換，在沒人發現的情況下悄悄異動自己的狀態，我們並不可能時時刻刻都能處在自己最佳的景況，但也要包容這樣的無可奈何，因爲那已經是你很盡力要去符合某個角色該有的樣子了。那就是你值得鼓勵的地方，那就是你當下的狀態，所以好好享受各個角色中自己展現的樣態。

疼痛證明

我們都無法忘記，有些學習過程是深刻且微微刺痛的，在記憶中的某一處，那段時光充滿了說不出的苦。

有些學不會的事物，花了再久的時間也只有一丁點成效，偶爾失落感蒙上心頭想要就此放棄，而又是什麼引領著你決定咬牙挺進。這世界上有太多要學會的東西了，除了從小開始要學的課業知識，到各種人際社交，長大後有些不得不的職場禮儀、處事道理，都是被現實逼著學會的。老實說人類眞的還活得挺累的，好似有學不完的任務，像在闖某種大型人生關卡，有闖不完的關，蓋不滿的集點卡。

疼痛是一種正在經歷成長的證明，我總是這樣默默提醒自己，當感到疼痛時，我便試著去相信自己正在往好的地方靠近了。猶記得小時候曾被送到英文安親班，國小下課後都在那裡度過大半時間，每天要面對跟外籍老師口語對話、背誦單字以及寫不完的文法練習題，無形又沉重的負擔一直這樣背著。對比下課後就回家玩耍的同學，我曾經很抗拒這個下課後逃不開的夢魘，直到小學二年級的一天，在英文教室裡我領了一張九十九分的考卷，才忽然有一種豁然開朗，是自己一陣子的努力終於有一個明確的證據了。

其實所有的苦澀我們之所以有韌性可以吞嚥下去，是因爲我們都在等待一個實際的證明，那項證明是抹消過去辛勞的利器，像一顆安定劑，可以就此安慰自己，以往的辛苦都不再是那麼苦的了。那時累積的基礎實力在往後綿長的英文學習路途上讓我的負擔變輕，在潛移默化裡已經形成一種自然而然的語感，所以在下一次再添加新的學習項目時，是以過去基礎疊加上去的，如虎添翼般的學習旅程也因此事半功倍。前陣子因爲論文要求以英文書寫，我便踏上英文學術寫作之路，雖然這不是一件容易的事，但我感覺做起這件事來駕輕就熟，基於過去孜孜不倦的累積，在這個久遠的未來時刻，終於感受上一切都昇華了。

有時追逐夢想的過程中像是在布滿荊棘的草叢裡前進，走沒幾步路身體就被扎得刺疼，遙遠而看不見成效的日常裡，甚至好多時候都會懷疑這些時間的消耗眞的值得嗎？犧牲休閒時光拚搏自己能力的增長，會是一種划算的交易嗎？

現在感受的痛
都是曾經在乎過、努力過的證明

在現代講求快速見效的氛圍之下，你的耐心要經得起考驗，在心裡偷偷貼一張提醒的便條貼，上頭寫著：有些疼痛是需要很長一段時間才能證明它的轉化效用，有時候可能過上好幾年，關於你持續耕耘的土地尚未開花結果，也不要因此而灰心喪氣，許多成就有它適合綻放的時機。如果已經努力了好一陣子卻放棄不繼續，那便辜負了曾經埋頭苦幹的付出。有些想要學會的事情並非能一步登天，中途也可能重複經歷曲折的考驗，但所有關於這個能力掌握程度都會是每日每夜、一點一滴堆砌而來的。

看不見成就的那段日子並不是你不夠努力或者不夠好，而是你正在經歷這段叫作「扎根」的日程。就像在乾涸的沙漠裡痛苦地行走，空氣如此炙熱稀薄，而堅持一直走著，最後抵達了綠洲，才能體會無味的水有多麼可口，在嘴裡化開的幸福感前所未有。

雖然有時無力、有時不見光天，感受到困難阻礙自己往前，也要明白沒有成長是不需要疼痛的，有些證明就是需要痛苦才兌換到的。而這些過程中經歷的痛苦，都是往後爬得更高的基礎。

觀眾離席

在被網路滲透的年代裡，人們經常在ＩＧ上透過限時動態記錄生活。整體來說我覺得限時動態是一項很棒的發明，既可以短暫讓紀錄停留24小時，可以是靜態的圖像，也可以是動態的錄影，又無需太過雕琢文字或照片的內容，純粹提供記錄放鬆時刻與心情的作用，但是它衍生出來的觀看感受，是我們必須小心處理的。每個人抱持著不一樣的分享心態，有些人單純不願時光流於遺忘，有些人則是刻意製造充實的表象，當分享已經某種程度與「比較」「炫耀」羈絆在一起的時候，對於觀眾而言也是某種程度的自信心殺手，在社群上爭奇鬥豔似乎成了彼此不明說卻暗地裡較勁的一種方式。

如果趁這個機會統計一下正面與負面的貼文比例，我猜正面貼文幾乎擁有懸殊的勝率，然後我們可能就此失去思考的理性，誤以爲他人的人生就是由這些張貼於眼前的歡樂構成的，當然這不置可否，只是也要想想他人大部分的人生都是海平面下的冰山，那些只有在海面上的一角是我們看得見的張揚的歡樂。線上社群讓我們潛移默化裡學到過度渲染的能力，我們一部分太彰顯自己生活的小確幸，一部分也容易因爲幾篇動態就左右我們對一個人的認識。

曾經我也困在別人的影子裡，彷彿要每天找個朋友出去聚會，要學習新的事物或技能，要參加提升軟實力的講座，才能讓自己看起來過得很充實。當太在意觀眾的目光時，我就像把自己關進了名爲迷失的囹圄裡，自己以爲的充實，其實都是致使自我越來越迷失的因子。

抵抗他人目光與評價的同時，我也很害怕觀眾離席這件事，想要看起來過著風光明媚的生活，又怕觀眾的眼光不是如此的。有一次和心理師E諮商晤談時，她說：「你覺得自己評價自己比較可怕，還是別人評價你比較可怕？」她還說，很多標籤都是自己貼的，我們以爲這是一份別人給的評語，但大部分很可能是自我主觀意識評價自己的結果，當大家忙著爲自我貼上評價的時候，並沒有那麼多的目光是放在你身上的，聽到這裡我終於願意放寬心，也鬆懈一點對自己的高要求，同時釐清這些上進都不是爲了觀眾，而是爲了取悅自己。

觀眾離席是稀鬆平常的事，本來兩個人就不太可能共鳴一輩子，在我們向上成長的時候，會多出一些新的想法與觀念，他人也是，所以在未來某個岔路口分道揚鑣時也別覺得感慨，好好謝謝那位觀眾陪你的一段時光。刻意要挽留一個將離席的人、去維持一些漸漸腐敗的關係只是純粹彼此相互消耗，消耗青春、

消磨時光、消弭掉心裡原本還燦爛的暖陽。

許多的默默耕耘來自減少觀眾的閒雜言語，多人見證你的努力不一定會讓你更省力。後來我也很少再因爲自己花費許多時間跟心力在這些關係上而責備自己，這個世界上的人來來去去，不須強行誰非得留下來成爲我的觀眾，盡了全力想去討好，想從對方的反應中看見自己的價值，殊不知這些價值是自己賦予自己的。

讓那些持續擔任觀眾的人成爲你努力的見證者，向這些能夠映照自己價值的人靠近，減少花心力去在意離席的人，能更清晰地看清楚自己存在的意義，不會因爲離席的觀眾造成的失落而削弱自己的自信。

還沒學會

有一天在談論逝去的關係是如何讓我的生活籠罩一片暗灰濾鏡時，J問我：「你期待一段關係會是什麼樣子？」

我想了又想，說了句言不由衷的話語。慣性逃避，已經成爲我解除面對困擾的最佳途徑，不需要耗費大量心神和時間，面對過去一段又一段關係的裂痕，我們總能輕易怪罪災難的突然降臨，卻沒想過很多事情的發跡其實都有跡可循。

一段關係要可以延續，是要彼此找到最自在的相處模式，如果可以的話，誰不希望關係可以維持在它最美好的樣子。也許是傷過幾次心，便會開始釐清，關係的演變長遠來看不一定是平穩的線，有可能是高低起伏的。是我自己附加太多美好的期待泡泡，才最終被現實戳破成爲泡沫的。

我們極力想抓住一段傾斜、即將走向毀滅的關係，卻總感覺使不上力或甚至越修復越偏離自己原先的預期。每一個人對於事件的想像就是一種版本，這也是爲什麼卡關時，尋找自己的智囊團一起討論或許能對自己有更深的認識，或對正在面臨的挑戰有新的詮釋。阿德勒曾說過：「所有的煩惱都是人際關係的煩惱。」有時自己準備得再好，也不一定能在互動裡形成完美的結局，如果對方同時還沒準備好要一起走向更佳的方向，那單方面的努力就會往付出比較多的那個人傾斜，如果沒有平衡，最後只能親手埋葬過去那份美好。

煩惱是眼前築好的基礎崩潰地坍塌，煩惱也是沒有退路的那個自己，看起來令人心疼極了。

一再又一再關係的失去，沒有誰有超能力可以預先阻止。只好開始被動地相信，相信每件事都有它該發生的流程，會屬於我的東西依然都會在那裡，努力過後就在心底偷偷告訴自己：這樣足夠了，剩下的就交由命運去安排，並不刻意在各種臆想的結果之間流竄。

太鑽牛角尖容易適得其反，執意去渴望每一件事情依照自己的念想去發生，左顧右盼審查事情有哪些疏漏，總是讓這樣無意義的焦慮合情合理的放上心頭。我想起J說過一段我很喜歡的話：「有時候你準備好了，對方不一定也準備好了；而

有時候你準備好了，其實是你『以爲』自己已經準備好了。」在心裡大聲嚷嚷自己眞的已經放下的同時，其實還有很多不想承認的情緒困在這之中，滿漲的懊悔、不滿、失落在碎裂的關係中流動，如果可以，我想趁機告訴自己，你曾經試圖拚搏的東西會送你最合適的結局。即使那個結局是彼此再也不見，那一定也是代表對方是不應該繼續待在你生活裡的人。

有時想要得到的東西就是這樣在沒有留意的情況下咻地晃過，還沒學會如何緊握，它早就從手心悄悄溜走。像不斷前進的時間，我們也從沒學會讓它變得緩慢或者暫時靜止，像我們從沒學會過一些人究竟是如何從自己生活偏離，一些人是如何就被強制置入自己的生活裡，很多事情就是這樣沒有答案地發生著，是不是就不用再花太多的力氣去一一找尋解答了。

還沒學會的事情也許沒辦法有眞正弄懂的那一天到來，但你現階段能學會的，是好好照料自己、捨不得自己，答案自然會被解開的。

你要傷心可以

年少時，曾和幾個朋友發生過摩擦，無論事因從誰而起，我最遺憾的是多年的友誼竟然可以一夕之間化爲灰燼，就像過年過節欣賞的煙火，即使原先在天上有多絢爛光彩，火光燒盡後只剩無盡的空虛寂寞。

群體生活裡我們可以透過他人作爲鏡子，反照自己在群體中扮演的角色和樣貌。在家是長女的位階讓我具備飽滿的照顧情懷，容易把這份心力移植到友情之上，過多的自行加諸的關心，以及對於自己的付出所期待的回應，若是沒有收到相應的回饋，我便容易陷入自己不平衡的思維，進而把內在需求用情緒勒索的方式溝通。

我的生活每每離開一個人，我就能至少學會一件事，即使錯的人並不是我，我仍願意爲彼此曾經的友好做最後的結局解釋。常在挫折的關卡用盡全力自責，開始鑽牛角尖追根究柢其中的原因，而其實我們都隱藏了很多很多自己努力過的證

只要擁有快樂的濾鏡
做任何事
都能有快樂的影子

明，因爲表層覆蓋著許多情緒，生氣、無奈、失落，以致我們光是處理這些猖狂的情緒就已經筋疲力竭了，哪有時間再去審視情緒背後的來源。

一段失去的友情不亞於愛情的撕心裂肺，因爲只有自己曉得爲了維繫關係自己做了多少努力，還常常自己私底下默默消化沒有收到相對應回應的無力。有次在諮商中回顧這些破裂的情感的時候，E爲我帶來嶄新的概念是：若將不小心讓關係破裂當成踩到狗屎這檔衰事的話，回頭檢視問題的癥結點時，並不是要獵巫狗屎是誰產生的，而是自己踩到之後是用什麼方式去在意，以及如何回應這件事。她說，以後還是會不小心重蹈覆轍踩到狗屎，但我們從破裂關係中學會的，是下次再遇到時我們可以如何改變在意的方式，以及知道該去哪裡沖水。

一段關係結束的時候我還是會極其在意對方的感受，這樣過度的小心反而讓自己戰戰兢兢。沒有好好照顧因爲關係也身受重傷的自己，還不顧傷害持續關懷對方。而E教我的，是把重心放在自己身上，因爲我們已經無力去挽回有裂縫的關係，與其尋找各種方式去修補傷痕，不如學會用正向的方式去看待裂痕。

我才終於知道所有表現出來的「太過努力」，是不想承認逝去的關係，背後也是一道道傷痕的累積。我們總是太柔軟地考量他人的感受，卻忘記好好停下來照料受傷的自己。我們之所以感到傷心，是因爲付諸了努力，但故事並沒有演繹預期中的結局。有時我們默哀於一段關係的破碎，承受很沉重的自責，卻忘記關係是兩人之間互動的結局，你不能左右對方的回應，對於關係的演變也只有一半的權力，請停止逼迫自己去承擔兩個人的互動責任。

你要傷心可以，但不能連同他的份一起。傷心自己的那一份就足夠了。

在我想起失去的朋友時，還是能淺淺地望見曾經一起展現的笑容，那段好的時光我們不能辜負它要給我們的啓示。沒有誰會永遠待在誰的身邊，關係也不一定會持續保持在最佳狀態，只好調整自己看待關係變化的心態。

允許自己站在一段失落的情境裡，如果說我們之前共處了五百天的快樂，那我可能也會歷經五百天的悲傷，甚至更長，才能讓過去建造的深厚情感重新回到平衡。我看見自己總是很盡力去面對每一段在乎的關係，但我知道是因爲曾經努力過，才有辦法在失去後感受到這麼痛。但也是因爲努力過，所以才終於能好好放手，拾起這段緣分最後的結晶，讓我在往後的人際裡應對得更加圓融，成爲一個更柔軟的人。

從暴風圈出走

我的感性無所不在，或者說它平常是休眠狀態，但非常輕易的就能被一觸即發。

總是被一個不經意的問候攻擊得零零落落，經常隨即熱淚奪眶，或者陷入自己的情緒暴風。有時焦頭爛額地為著各種決定在各個賽局之間計算成功逃脫傷心的機率，問過無數人的意見以及他們對於每個選項的想法，可是最煎熬的，是沒有人能為你做決定，而你依然是最後下決定的那個角色。

賭對了的感受總像是中樂透一般，中獎的是未來無限的快樂和對方的溫暖包容；脫離了苦痛的魔爪才終於稍稍感到生活還有喘息的空間，曾經那個時期連呼吸都能噴出眼淚，幸好最後的賽局讓我押到了勝利。

當我從暴風圈裡走了出來，才清楚認知到過往某段時間裡自己體內交雜的矛盾，意識中很想要痊癒，可惜行為卻總背道而馳。當我從暴風圈裡走了出來，才知道新鮮空氣該有的味道，原來先前充斥高壓汙濁的空氣我已經適應。綿亙的難受在於無法暫時停止緬懷曾經，也許有那麼一個人曾經善待你，但後來他的善意不再延續，反之是惡劣的攻擊，所以痛才那麼劇烈，腦海裡剩下他醜陋的畫面。

在風雨裡的時候，挫折感讓我覺得自己從此放棄了一個人，隨之產生的想像無限擴張，我們總會誤以爲自己的整座世界會跟著他一同遠離，可我們只是忘記那只是因爲自己曾經把他當成全世界。一個交好的人離開導致自己心中某塊角落會小小陷落，但也就只有那個單一個體會走遠而已，痛是一時的而已。

被淘汰的人會走出自己生活的疆界，其他的地方依然沒有改變，你的世界依然完整。

當快樂離自己很遠的時候，就好好照顧自己的傷痛，好起來對你來說很重要，但是好起來之前，你需要先對自己的傷口清創，先調適自己所感受到的痛楚，好起來暫時不重要。你可以暫時停在原地休息，可以暫時就單純享受空氣的清新，享受遠離施加痛苦的加害者的生活，以再重新憶起，他根本不值得你再花任何一份心力去顧慮，也才能想起咬牙挺過風雨堅強的你。當你決心要更新自己的處境時，整個宇宙都會聯合起來幫助你，你以爲是自己的賽局決策選對了，但其實最後你怎麼選擇，那個選項都會轉化爲最好的一個。

過去苦不堪言的經驗對自己仍是一場劇烈的消耗，無論體力或身心都是，我也曾厭倦自己一直是這麼頹微不安的樣子。E曾和我說：「當你在說誰對你很惡劣的時候，你要不要先看看你對自己也好惡劣喔；關於你不讓自己休息，不允許自己脆弱。」

總是小心翼翼怕傷了他人的心，那我們千瘡百孔的靈魂又要由誰來照顧呢。即使你很痛，即使彷彿全世界剩你自己懂自己的痛，仍是有那麼多溫柔而誠懇的人陪伴在身邊，你也得趁此放心好好照顧自己一回。

走出暴風圈之後就把濕掉的衣服換掉，新的生活就是披上新的衣裳了。眷顧快樂還顯著的那些日子，放過折磨自己，而也是因爲把舵轉向了一大圈，才賦予自己的生活有了新的方向，重新被照耀到閃爍的光芒，像對低迷的日子施展了魔法，讓日子不再是一個個煎熬苦撐的日子，而是有更多快樂而溫存的蹤跡，那會是你送給自己最好的照顧。

從暴風圈出走一點也不容易，那需要無比堅強的勇氣，願你所做的決定都順從心意，世界會給你最合適的安排，讓你即使在未知裡飄移，仍能走向安心。

把心事丟進海裡

都市化發展速度快，已然快速滲透大部分的國土。海景是沿岸區域的特權，已經快要成爲電影裡僅有的絕種景緻，生活在都市裡的市井小民應該常常和我一樣覺得內心嘈雜得很擁擠吧。每天在車水馬龍的街邊行走，尖峰時期人潮洶湧的捷運站，汲汲營營的氛圍貫徹生活每一處縫隙，能暫時靜下來的時刻大概只有睡前那段片刻吧。

一直覺得海岸邊那種空曠感才能眞正凌駕城市給人的無形壓迫，讓自己感到全然的放鬆，或者將心事和煩惱丟進依偎著沙灘匍匐前進的碎浪裡。記得有一次隨口跟身邊的好友說好想去海邊，那時候我正在水深火熱的生活裡遲遲找不到出口，直到有一天，一場一起參加的活動結束後，她們突如其來地說：「我們去海邊吧！」

那一天，終於成眞，海終於從幻想變成現實裡的景緻，多少時間都是被囚禁

如果沒有走這一趟路
就無法擁抱路途中遇見的幸福

在都市裡林立的高樓或者學校的教學大樓。我們一路開著租來的座車往淺水灣前進，我坐在副駕瀏覽著窗外，把台北市午後流動的陽光景色都收攬進眼裡，越往海邊，心情的曲線也跟著愉悅。

陽光炙熱的午後卻在不知不覺中褪去了色彩，接近淺水灣的時候也轉換成匍匐的烏雲。淺水灣邊有一小塊聚集的咖啡廳，周邊各自設計過的風格咖啡廳全數面海，有些人在沙灘上拍照或踏浪，這幅景象已經是把電影場景化爲逼眞了。那裡簡直是我遇過最令人著迷之地，點了杯暖心的熱可可，面向海邊，吹著海風望著海浪，任由海風搔抓髮梢，即使那天失去了夕陽，但光是坐在那兒遙想橘橘的天空，注視著蘊藍的海，便覺得一切都完美得不可開交。

曾經無數次面向海洋的時候，我的心事都是累積已久，心裡滿滿都是無以名狀的憂傷，神奇的是，海的遼闊總爲我帶走一些沉重，浪也沖蝕掉心裡的某部分負擔。海洋對我來說是一種濾鏡，每每路過它，沉重而焦躁的我總是發現腳步逐漸輕盈，漸漸地又找回面對生活的那股渺小勇氣。我想，海都能包容天空這麼偌大之物了，我的韌性又有什麼容不下的呢。

熱可可暈開在嘴裡的時候，我偷偷把心事吐給海浪了，我看著離開自己身體的困頓，在浪尖上淺淺翻滾，隨著浪越捲越遠，最後就被大海吞納了。當你心房逐漸滿載心事的時候，就去海邊走走，當作是與海交換禮物吧，你送它沉積已久的心事，它送你空的心事置放空間。定時清倒心裡的垃圾，才有力氣承接未來的雜訊，每一次與海見面，我就更有動力回到都市裡督促自己慢慢往前，最終走向燦爛的終點。

那天的海對於我來說是不可或缺的拯救，對於快被堆積如山的壓力吞噬的自己，無非是一場完完全全的紓壓，好感謝海對我的無限包容，也好感謝朋友們突然營造的小確幸，對我有著深遠的助益，那天豐滿的幸福都濃縮在那杯順口的熱可可裡了。

假想敵

「最近還好嗎？」屈膝坐在床上閱讀時，腳邊的手機螢幕忽然亮起。一句話足以戳破膨脹的悲傷，好些日子來刻意隱瞞的雜亂思緒，在夜裡蠢蠢欲動，隨意一句沒有語調的問候都能像針，直狠狠地戳進心裡最隱隱作痛的部分。

花了些力氣抵抗風起雲湧的情緒，以及張牙舞爪的痛楚。有些風暴像被打開的音樂盒，停不了震耳欲聾的撕心裂肺，直到沒了電才有可能停下來。試著在隻身經歷一場暴風雨後振作起來，再故作鎮定地拿起手機，回覆到：還行啊。

在一個真摯的關心被拋出來的時候，暗地裡花了好多好多力氣去傷心，再花兩倍的心力去撫平，才能有最終像是從暴風雨中走出來的平靜時刻，也終於能提起手機，冷冷地對自己這段時間來毫無頭緒的紊亂日子註解到：還行啊。

其實心裡比誰都清楚，一點也不行。

痛楚只是暫時落地的灰塵，一陣輕輕的風都可以掀起一番洶湧的作用。只是我們好似都太善於將他人的關心隔絕於外，也都太善於說服自己心事得要自己消化。總是在拯救的援手伸出來的那一刻觸發遲疑，我眞的值得他給我的關心嗎？會不會我的傷心在在乎的人眼裡只是無法被同理的無病呻吟？

沒有人會希望傷心綿亙自己的一生，可是有些曾經感染嚴重的傷口總無可避免地需要更長久的恢復時間。在清創療傷時，總怕自己像個吃人的黑洞，一不小心，就把那些伸手要觸摸自己的人吞噬掉了。

直到有一天，當我成爲那個伸出援手的人，我才意識到，是因爲自己當下有能力給予，所以才會願意供出這份心力，也同時會希望，那些躲在角落悲傷的人，可以暫時好好握著我的手，即使拉扯它，即使把它當面紙擦掉眼淚，這些幫助就像失眠的人的抱枕，讓他們終於可以安穩放鬆地睡去。

人總會遇到自己走不出的死胡同，也可能在這樣的摸索裡迂迴好一陣子，流失了很多對未來的期望與力氣，而其實有些時候，我們所等待的，好像不是等到能拯救自己的那個人出現，因爲他們其實一直都待在身邊，我們只是在等自己所營造出來的假想敵最終消失不見。因爲太害怕傷口攤在陽光前，連微風吹拂過都能感到

隱隱刺痛。

假想敵可能暫時成爲我們的保護色，讓他人無法輕易看清楚自己是否正在困境裡，但不要害怕，有時反而是一些看事情角度的盲點，允許了自己好長一陣子都待在傷心圍起的界線之內。或許他人的幫助總有那麼一刻是受用的，也可能會是你跨出界線的一個轉機。

願意開始認同自己、接納自己是一場很漫長的旅程，因爲那並不是一個開關，開啓了就能開始認同與接納自己；相反的，我們都在經歷著反覆的失去和不平衡，當你願意把那張沒有必要的包裝紙拆開，戰勝自己腦海中的假想敵，才能在過程裡慢慢重新拾起愛。

而那一份愛，是要留給自己的。

COLOR 03

60%

霧灰

現在所有的努力，
都會在將來開出花朵

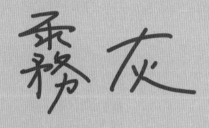

慣性

會不會每個人都曾有過一段傷痛，總覺得花了好多好多的時間去復原，最痛的部分依然歷歷在目。曾經受的傷被賦予了其中一種我們看待它的定義，那是一貫的慣性思維建造出來的，這樣的模式集結成一條習慣的思考途徑，常常不需要花太多腦力多加思考，我們就能依順過去已經開發成熟的路途走。

過去的傷痛在未來的某個時間點被觸發時，我們依然可以感受到內心隱隱作痛。當時事件的發生，當時的互動、對話和自己的回應，都形成擺脫不了的泥淖，每次只踩進一腳，就整個人陷落下去了。痛的程度可能會隨日子減低，因爲時間已經幫我們消耗一點記憶。可是如果沒有試圖調整自己針對事情的看法，往後可能不斷重蹈覆徹，重複經歷相同的泥淖困境，再花大把時間狼狽地爬起來。

也許會漸漸忘了傷痛的細節，但是感受不一定能淡忘。我想說的是，太難改變的既定狀況，那就改變自己吧。

快樂不會自動登門
別日日夜夜守在窗前
期待隔日的陽光

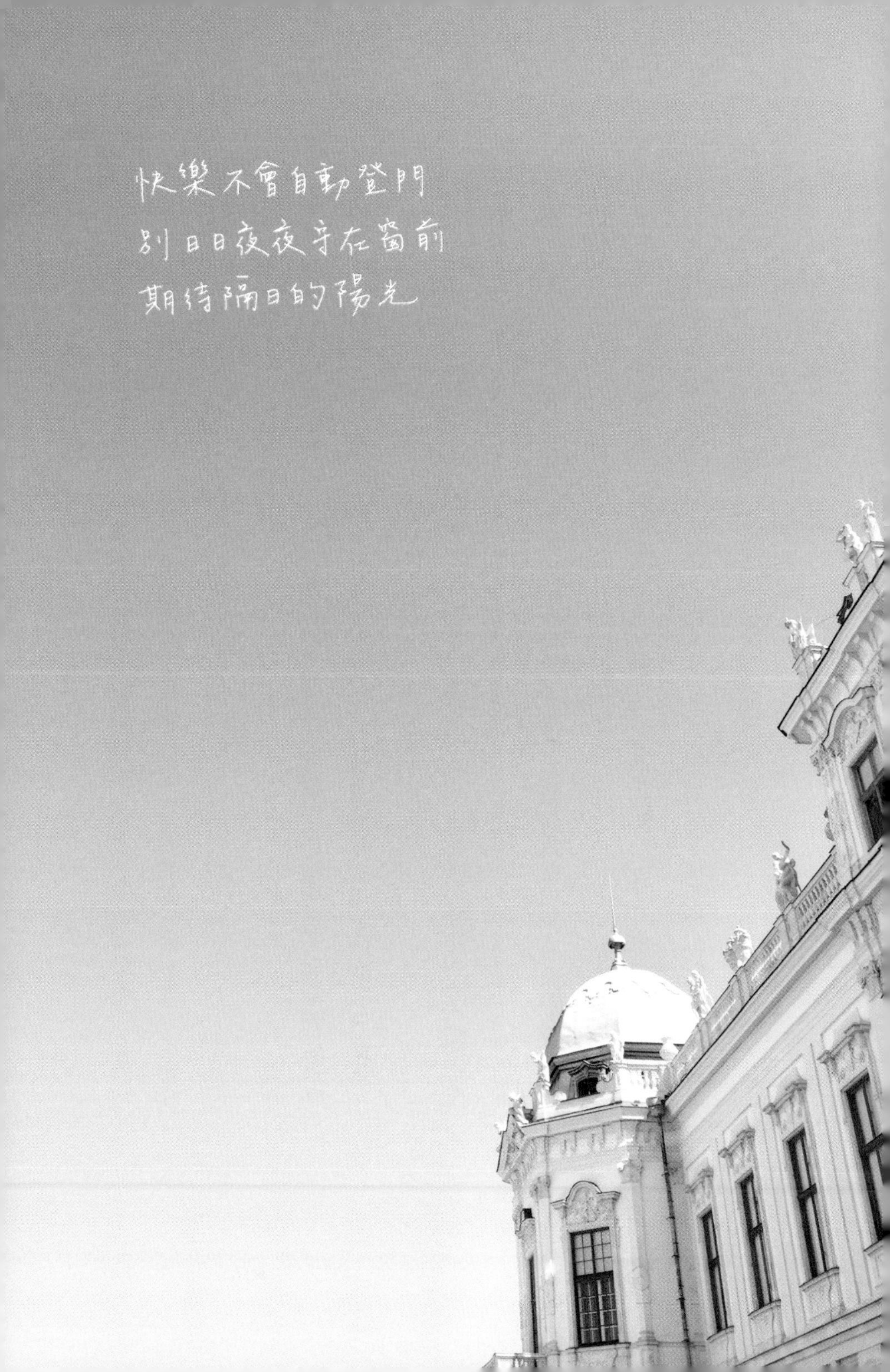

假使故事曾經有那麼一個最撕心裂肺的版本，你也可以重新調整看待它的方式，換個角度、換個口吻去詮釋這個故事，可能就可以獲得故事的新版本。不要枉費自己前些日子的努力，也不要愧對已經傷過的心，破解一成不變的慣性，讓自己就從這裡找到曙光發芽的根基。

有些人說快樂不起來，我相信他們可能正在瀕臨重複的傷痛，有時累了停在原地是復原自己的一種方式，可是當有力氣時，我甚至鼓勵切換不同的思考模式，快樂不會自動登門，別日日夜夜守在窗前，期待隔日的陽光。

別讓過去的日子成爲毒藥，汙染了你後來的人生。儘管日子不一定按照理想的劇本發生，但要記得，你時時刻刻都是自己生活的主導者，你可以隨時重新編劇，也可以隨時把自己置換成另一個角色，而有些不合時宜的台詞本就應該被淘汰的啊。

當你給予自己一個全新的機會，給過去的苦痛全新的解釋，下一次，傷心在任何時刻颳起洶湧的暴風時，你仍能堅毅不搖地不受影響，因爲那樣的你，早已理解痛的意義和傷心的原因，你也不再把自己擺在那樣的困境裡。

說不定能讓以前的傷都成爲你後來日子的沃土，使你仍然感受到空氣的清新，仍保有對生活源源不絕的熱情，是因爲你終於不再用悲傷的濾鏡去看待過去，終於擺脫一成不變的慣性，爾後你終能與燦爛的暖陽同行。

及格線

從大學到畢業後第一份工作，再到研究所，我花了整整七年的時間在台北隻身生活。在台北生活久了，回到台中會有明顯的生活節奏落差，即便都是發展前衛的城市，仍然會有種明明向著同個方向前進，但有著不一致的發展速度感。實習的公司剛好位在台北燈紅酒綠的信義區，到了台中幾乎看不到人車的深夜時分，信義區新光三越新天地仍然喧騰熱鬧著，百貨公司工作人員結束營業忙得焦頭爛額，甜蜜情侶悠然自得地逛街散步，街頭藝人賣力攢聚人氣和打賞。

捷運站點的普及讓人們從一個定點到另外一處的時間縮短許多，可也是這些生活節奏快慢之間的明顯落差，讓我即便只是回家待著短短的時間，卻能感受足夠的能量充回體內。是這樣的節奏讓我能夠在台北汲汲營營，而回台中享受慢條斯理。這些年來我愛家的性格使我經常南北奔波，就算路途再遙遠，只要想回家的心意夠強烈，那也就實屬風雨無阻了。

每每踏上往南的列車，身體總感到輕飄飄的，像是賦予自己暫時卸下重擔的權利，把沉重的包袱遺落在月台，知道等到回台北再背起來就好。相反地，回台北的路途上總是沉重的，發現自己很容易在北上列車裡想事情想到眼眶泛淚，想著這輛列車又即將由光明駛進黑洞，從桃花源站駛向現實站。回學校的路途很漫長，我

必須先從台中搭乘區間車，再轉換高鐵，抵達台北後轉乘捷運，最後還要搭一趟台北市公車，我的學校一直在這麼遙遠的地方，像我遙遙無期看不見終點的畢業日期一樣。

公車行駛過木柵動物園的時候，園區門口充滿了大量在閉館前離開的滿足遊客，爸爸媽媽牽著小孩的手，臉上掛著笑容，手上拿著氣球，那些人的快樂可不可以分一點給我。每每通往學校的路上，我的心情總是每況愈下，有次我不抱期待的傳了訊息問同實驗室的好友V是否在學校，想要有個伴一起吃一頓可以同時說說話的晚餐。後來我們去了學校旁邊一間從數個月前開幕就一直持續要排隊等候的義大利麵，V有一種讓人想要深深疼惜的感覺，會不知不覺想要關心她的一切的那種，這大抵也是爲什麼我常常一直主動背起她的焦慮吧，想要一起盡力、想要一起承擔。

我聽到了她說些很沉重的話，大致說著自己研究進度不夠多，最後還更毀壞信心地說：「幾乎等於是零進度吧。」我笑著說：「沒關係啊，我陪你一起零進度。」有時候我的欣慰好像就在這種地方產生效果，鋪張著自己的失敗來安慰別人，同時也安慰著自己，這份失敗終於可以在某一處產生一點微渺的價值。

以前自己一個人走得很快，想要拉別人順著同樣的前進頻率其實也會覺得太過自作多情，有些事情其實就只是一個過程而已，盲目地要爭取完美無瑕的成果只會累垮自己，每次和V相處在一起的時候我總是會再一次提醒自己：放鬆點，不用太快！汲汲營營的我顯得過於輕浮，快到連上一個腳步都還沒踩穩就著急想跨出下一步，有些人遵照自己的步調才能走得更穩。

值得開心的是，我的身邊有她，難能可貴的研究夥伴，無形之中讓我看見她身上許多我未曾擁有的特質，也經常引發我重新省思，有些事不需要一百分，設定好一條及格線，只要達到及格的位置，那就已經很值得讚賞自己了。

吃完那頓飯後我感覺心態有了一番新的朝氣，對於茫茫無盡的研究迴圈，我們終於又站在同一個起跑點，可以並肩同行，一同感受同一個時區的風雨，一起承受的焦慮感終有落地之處，還有日夜企盼的旅途終點都會抵達的。給自己一些信心，那些曾經付出的每一分努力，都是未來身上熠熠生輝的光芒。

變得更好的你

近期在自己很欣賞的 YouTuber 影片中看到一個概念，讓我恍然大悟「時間會帶走一切」這句話背後眞正的含義。當我們正陷落在悲傷的時區裡，若不去做任何改變，時間久了我們依然會是那個悲傷的我們，時間並不會洗刷掉那些沉厚的傷痛，時間並不會像水流那樣逕自把塵土夾帶走，也就是說一個循環中一定得有些突破，有些變數的產生去阻斷原先的循環。

我們有時都把「改變」這件事想得太偉大了，以爲是需要歷經長時間大規模分析才做出的決策，但其實在悲傷之中，當我們願意開始做一些回歸日常的行爲，聽歌、運動、正常吃飯都是我們習以爲常但被忽略的微小改變，是因爲你眞正去落實這些日常的行爲，你才會感受到時間的過去，你的傷口好像有那麼復原了一點。你不知道是你已經讓突破發生在一個循環中，改變了自己原有生活的運作。

沒有人在無痛的過程裡復原，而只是我們的一些小小改變，才讓我們得以跟

世界上沒有任何一種受傷，
是不需要復原時間的，
在療傷的時候，
你要給自己足夠的時間，
傷痛復原不會是明天就發生的事。

過去的自己拉開一點距離。那些無可避免的攻擊所造成的不同程度的傷痛，都是因爲我們願意去面對它，面對之後願意做出不同的嘗試，這個傷口才在自己的呵護下修復完成的。

改變，無須太刻意強逼自己執行某種任務，那是你日常就能靠自己慣性執行的，變得更好的你，就是在這之間發生的。

新的地方

抵達蓋威克機場的那一天，我記得是當地晚上七點左右的時間，我們在飯店裡拖著疲憊的倦容吃著Buffet，我不怎麼餓，喝了點小酒。位於北緯五十一度的倫敦，夏季天空色調轉暗的時間很晚很晚，那天接近九點，我還站在房間的落地窗邊看了好一陣子的日落晚霞，搭配正在降落的客機。位在與台灣將近八小時時差的英國十多天，每天在煎熬的時差中到處踩點遨遊也是某種程度的甜蜜負荷，跟尋網路上處理時差的方式，是控制睡覺的時間，盡可能接近當地休息時間再入眠。

我喜歡時不時送自己一場盛大的旅行，對我而言盛大的定義，是花大約半個月的時間去那些沒去過的地方體驗異於原先熟悉的生活模式，那段時間裡就暫時放下所有關於自己原先生活的事，全心全意投入在旅行地區中。我們總得先把原先記憶裡的內容按下暫停鍵，才能用空曠的心境去容納其他新的部分，唯有這樣的作法，才能在短短的旅遊時程裡收穫最多感受。

　　新的旅遊地點帶給我的嶄新內容是日日夜夜襲擊的時差，而且克服時差這件事是有時效性的，若拖拖拉拉地處理便可能會失去觀賞許多美豔的景緻，或錯過很多遍歷山河的機會。越早能適應時差就越有時間去遊歷更多景點，爲整趟旅途的收穫價值燙金。調適時差這件小事告訴我們，人的彈性在各個時候都能展現出來，有些時期很短比如調適旅遊的時差，有些時限很長比如重新適應新的同溫層；我們可以在幾天內就把自己融入一個國家的作息裡，也可以花上好一陣子去適應新的舒適圈。

在我們綿長的一生裡，總會去到很多未曾去過的新地方，從成長環境的轉換，旅行的地點擴展，從校園轉移到職場，環境的置換是每隔一段或長或短的時間可能就會遇到的挑戰。新的地方可能有很多種形式，而每個人也總有自己需要去調適的部分。我相信進入新的校園、新的班級那種緊張而焦慮，是大多數人可能都會擁有的相同症狀，會擔心同儕好不好相處、課業負擔重不重、我是不是能克服艱難的挑戰。要處理自己對於新的學習模式的規畫，又同時要適應老師安排的規範，以及認識周遭來自各方的陌生同學，這是一種由內而外以及由外而內的相互消耗。

新的職場環境需要適應辦公環境與氛圍、工作內容與專精術語或技術，熟悉已經形成已久的團隊合作模式，知曉它運作的方式。在進入職場前，我們肯定都已經遍歷各種新的地方，挑戰過無數次的環境適應，但也會無奈地發現，有些挑戰就是會一而再，再而三地重複出現。它的出現不是爲了擊潰你，而是提供你更多的練習機會，去磨銳一套屬於自己的應對方式，以便未來挑戰再出現時可以快速迎刃而解。在未來的某個時刻，你一定會發現自己適應新環境的時程已經縮得很短很短了，這些就是你去的地方給你的回饋，你不斷重複練習爲你帶來的成果。

你會慢慢發現，去到哪裡，都有我們得要適應它的難題，可是難題的難度對於身經百戰的我們來說，已經透過之前的練習逐漸減低。

在一開始面臨挑戰時我們總有一股無法克服的心魔障礙，本能地退縮與焦慮，這是一種人類與生俱來的慣性。而難度減低的契機，就是在這時鼓起勇氣去探索適合自己的方法，這就是逃避不了的必修課程。在焦慮時，我們都很可能先蜷縮在暗處角落偷偷觀察周遭的運作，而有些時候特別可惜的是，有一些蹲著蹲著就決定不再站起來的人，始終待在角落區域，久而久之就習慣暗處而不敢再走出來見到光亮了。相反的，還能勇敢站起來，勇於去適應新環境的人，最終都是我們所見的那些過得如魚得水的人。

一個人的彈性是有爆發力的，在很多時刻派上用場的就是我們的彈性，讓我們遊走於各個新的地方仍能保持心的開闊去迎接它給我們的難題，最後，勇於去適應新的地方成就了我們每一場的豐收。

你要善待的那個人

在N生日的那一天，我傳了一些想對她說的話，她是我大四那年在一場創業競賽認識的人，我們雖然是同一屆，但念的學校分隔南北兩地。巧合的是，畢業後我們各自工作了兩年的時間再回到研究所，這次我們剛好一起入學了政大商學院。緣分讓我們在陌生的地方有個熟悉的依靠，那兩年裡我們經常去對方的房間聊天、交流生活趣意。

我印象非常深刻其中一句她對於我的訊息的回應：「我覺得你眞的超愛自己的，希望可以向你學習。」

我沒有過問她對於「超愛自己」的定義，或許是我熱衷於深入認識自己，願意把自己嚮往的事情擺在更優先的位置，或是當遇到不順心時我也不會無視或壓抑自己的感受，而是求助於他人來協助照顧自己的內心。我在N身上看到很重疊相似於自己以前的影子，我曾認爲瘋狂追逐渴望的抬頭，一味爭取各種響亮實習工作機會就是一種愛自己的表現，畢竟誰不喜歡具備光鮮亮麗、精明能幹的外在形象呢？在研究所忙碌的日子之餘，她還是有著不間斷的實習工作，然而後來的她看起來幾乎是被工作消耗了，凌晨三點還在公司趕隔天的簡報、早上八點抵達公司準備會議……等等，那是在她準備要寫論文以及畢業的時刻，想要工作與學業兼備的她無法暫時割捨其中一部分，好一段很長的時間裡我都看著她在社群上的分享像停不下來的陀螺，彷彿不斷把自己的時間與精力獻給他人。

我想起在張西的書上讀到這句對我很警惕的話，「是這樣的吧，找到一個善待自己的方式，永遠重要於找到一百個認同或喜歡自己的人。」好多時候我們都很善於犧牲自己，在群體生活中演化出討好的本能，積極營造優秀不敗的生活光環，一不小心，就落入到處苟求認同的循環裡。而因爲人是會累的，因爲時間是有限的，所以只能選擇更重要的事情而不能全盤皆要。不斷追逐那些讓他人眼睛爲之一亮的成就時，不如先停下來問問自己，這些事情是出自內心眞的想做的事嗎？有沒有哪些事比這些更重要的？人們一生有太多要務，我們都在學習爲事情安排輕重緩急，一些時間排不下的事情要考慮放棄，他人委求的事物要有分寸地拒絕。

不用急著去迎合別人給的期待，
時間會為你過濾最合適的答案。

慢慢來，不疾不徐地一塊一塊拼。
世界沒有固定的顏色與形狀，
你也沒有一定要成為誰期待的模樣，
盡情塑造自己拼圖的色彩，
與生活嚮往的精彩。

「做自己」好像某部分成爲了多數人所嚮往，卻又很容易常常做著做著就迷失，想把別人擁有的光環穿在身上。做自己是一種擺脫患得患失，終結自我迷失的途徑，但又要特別小心保持清醒。與其在別人給的壓力裡泅泳，完成永遠無法了結的他人的需求，不如提高自己在處理名單裡的排序，優先找一個最適合的方式善待自己。

如果連本身都無法說服自己愛上正在經歷的每一件瑣事，便很難在追逐的路途上感到快樂。如果永遠滿足的都是別人，那樣的快樂也都是屬於別人的，而你自己呢，卻會爲此越過越空虛，因爲從沒人願意靜下來聽，聽聽你內在的眞正需求。

所以在積極忙碌之餘，適時地給自己一些時間與空間，聽聽心裡那個微弱的聲音發出的訊息。你想用什麼樣的方式善待自己？你想成爲什麼樣的人？其實心裡都會有答案的，只是那個答案有沒有被自己端出來拋光，放在重要的位置隨時提醒自己莫忘初衷。我最理想的生活狀態大概是：著手進行的任務豐富得很多樣，讓時間能夠被充實的安排，並且認可自己做的每一個決定，認同專注在目標上的自己，並在這種生活裡感到眞誠快樂，而不是感受到他人給的壓力逼迫了規律的鼻息。

好好善待自己，在繁雜的日子裡找到方式試圖規畫整齊，不因他人的碎語異動心思，不因滿足他人而滯留原地。當你因爲對自己的溫柔和善待帶來愉快，也就會因此得到更多人的喜歡與認同了。

先善待自己，勝過他人千言萬語。

稜稜角角

生活裡總有兩種人能讓自己看見溫柔的輪廓，以及教會自己變成擁有那種氣質的人。一種是惡劣的人。

曾經給出的信任、好感與希望，為落入甜言蜜語的圈套，所以誤以為歲月盡是安好。在一次又一次的境遇裡被踐踏，惡意將信任抹煞，因為被惡劣對待，被推入深淵，被所有看起來最傷心的悲劇包圍。我們往往在此刻越發把自己裹進受害者的毯子裡以為了不失溫，我們會暫時忘記溫柔的樣子，我們會誤以為世界就此背道而馳。在黑暗深淵裡時，我們看世界像是一顆顆飛走的熱氣球，總有餘溫在燃燒卻怎麼也抓不住，更不用說是搭乘的一員。

另一種人是溫柔的人。他們的眼裡有堅定的神情，隨時能保持心情溫暢，能夠同理他人生活中的窘況。溫柔是會蔓延的，溫柔能成為一種纏繞的藤蔓，圍著你，從此之後你也能有溫柔的影子。那些溫柔的人讓自己看清，其實所有的傷心都

可以找到它的緣由，而清楚緣由就能自己慢慢接納、化解與療癒了。雖然知道這些變化需要時間，但你會知道溫柔的人會一路陪伴著。

這兩種人，缺一不可。

我們從出生就長成各種有稜有角的形狀，總是幾經世俗的洗刷，才能變得越來越圓滑。溫柔的人像一面鏡子，望著他們時會渴求從他們身上收攬一些溫暖，也同時我們更會時時刻刻提醒自己溫柔的重要性。溫柔不只應該對這個世界，對周遭的人，更重要的是別忘了，那個最重要的自己。很多人付出了太多的溫柔給別人卻沒留一點給自己，我們會忘記照顧自己的稜角，我們忘了被扎在身上的刺。

我們要與溫柔的人同行，開始複製他們

對世界柔軟，開始對於討厭的事物理性分析並且切割情感，面臨厭惡可以不動聲色，從此把溫柔披在肩上。

而我同時也覺得相信自己是很棒的，以及靠近那些相信自己是很棒的人，都能扎扎實實讓自己的一天能更偏向快樂。這樣的快樂來自自信，來自與那些也充滿自信且帶著善良濾鏡的人相處，各種情緒都會是蔓延的，所以當你一直與快樂的人靠近，就能被那種好情緒渲染。

接近一個自己深愛、深信的人，他擁有能夠呈現你的價值的本能，像商場裡的試衣鏡，偷偷用凹面鏡來呈現你更美的樣子。在視覺上提供拉長的作用，不但增高又顯瘦，所以隨著被說服自己的身材苗條或衣著很合適。這並不是說謊言能使人更舒坦，而是說那些善良而能感受他人價值的人，是能爲他身邊的人提升更高的自信的。

生活裡同樣需要這樣一面鏡子，需要愛一個人，能夠被說服自己的價值值得，能夠被彰顯自己的優點或者才能。去愛一個人，把他的雙眼當成放大鏡，在這份愛裡，找到一個更喜歡的自己。

十六歲那年是我第一次有機會搭上飛機出國，那時正值台灣炎熱的夏季，剛好是我學期間的暑假，前往距離台北六千七百二十公里、澳洲人口第三多的城市布里斯本。布里斯本位於昆士蘭州的東側，沿著海岸收攬了南半球的陽光，擁有澳洲陽光之州的美名。飛機直達耗時將近九小時，位在南半球的澳洲正值與台灣相反的季節，我的行李箱裡裝的全是在台灣顯得不合時宜的薄長袖和外套。

那時覺得世界上某些角落正處在和自己國家相反的季節是一件相當浪漫的事情，沒有哪個季節是唯一占據全世界的，整個四季像一張很大很大的光譜，鋪蓋在整個地球上。而我從夏季飛往冬季，赤道像是氣候篩網，把蒸騰的熱氣都擋在北半球了。

第一次出國像打開潘朵拉的盒子，連在桃園國際機場過安檢門都能感到異常興奮。第一次感受飛機起降物理上的失速感、第一次嘗試的飛機餐點、第一次俯瞰的台灣土地，所有的第一次集結在膨脹的驚喜裡。之所以每個人生命裡第一次嘗試的事情都充滿無限的新鮮感，因爲那彷彿是打開一塊從未揭開的黑幕，看見黑幕下的世界精彩的樣子。

很多意想不到的精彩是你不會在自己生長的國家裡發現的，去看看偌大的世界吧，站在廣袤的世界前，無論是布拉格廣場、巴黎鐵塔、紐約中央公園，你能看見每一種文化融合出來的產物，你會視野變得遼闊，那種遼闊不只是你眼裡收攬了更豐盛的風景，而是你開始認知到自己所定義的世界可以小至自己平常接觸到的生活範圍，也可以大至廣闊得超出你所能理解的範圍。會開始看淡自己生活中那些瑣碎到不行的不如意，不再對堅持的事物太過固執，不再對愛過而已經受潮的人傷感，不再去過度要求自己再更努力或者接近完美，因爲你總能慢慢感受到人外有人、天外有天。

世界浩大得讓我們花盡一生也無法把世界地圖都走過一遍，當你開始願意踏出自己日常劃下的界線，你能慢慢接納那些超出理解的範圍，世界上也有許多很不一樣的空間，有大相逕庭的運行模式運轉著。世界寬廣到能海涵各種各樣風格各異

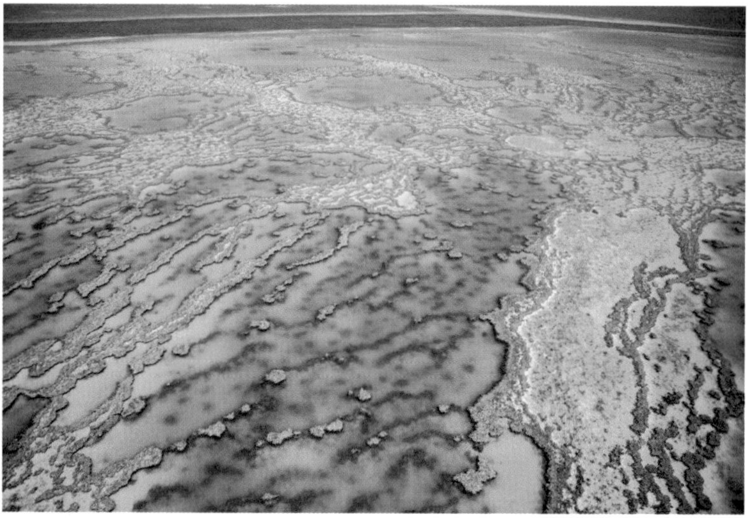

你得先鼓起勇氣
往不一樣的地方前進
否則看見的
永遠是一樣的風景

的文化，世界能接受每一塊國土有著很不一樣的風貌。

幾次的遊歷之後，我所獲得的心得是，自己擁有的所有都是最美好的樣子。當你開始大量接觸異國文化，可以比對他國與自己國家的各種運作模式，才能開始意識自己所擁有的是多麼珍貴，這樣多元開明的文化、這片豐沃的土地、這些善良的人民，讓我們以更廣袤的視角去看待自己的資產，不再只會抱怨這個社會的規則，不再低頭放大檢視自己的缺失，當你離開自己平時熟悉的地方時，那些陌生的地方反而彰顯了我們生長環境的優點，這是養成自己更開闊眼界的原因。

當理解此刻的自己已經是最好的了，所處的環境也有很多未經發現的美好，就不會再緊迫盯著生活的不如意，把視線聚焦在不愉快之上。我們偶爾會嘆息生活總那麼無趣、沒那麼多有趣的經歷，可是很多事情都是在我們掌握之中可以被創造的，你得騰出時間和鼓起勇氣去不斷突破生活既定的疆域，不斷擴展自己生活版圖。去認識新的人、學新的技能、發展新的興趣、換個城市生活，別讓生活過成無可奈何的時間推進模式，而是要學著讓它變成耐人尋味的影視錄製。

奢侈

出社會後，要好友騰出時間相聚在一起的機會都屬奢侈，某一天在與高中好友的聚會上，她被問起當初是怎麼和L吵架撕破臉的，她先是安靜了一會兒，接著木然地說著：「想不起來了……」臉上掛著微微苦澀的笑容，大家睜大眼睛看著她驚訝地說：「那時不是鬧很大嗎，居然忘記了？」

她和L是曾經形影不離的閨密，彼此之間有著心心相印的共鳴，還有一諾千金的承諾友誼。當初轟轟烈烈的爭吵滲透了生活圈，接著是連旁觀者都能共感的撕心裂肺，無數以淚洗面的夜裡，破裂的友情侵蝕了她的身心。多年以後當我們一起回顧那份陳舊的傷心時，已經沒有人記得當初風雨的猖狂，在某一刻彷彿是世界毀滅般的劇烈悲劇，在幾年後回頭看也都早已雲淡風輕，或許時間真的能催化一個人的悲傷消逝，也或許悲劇的存在是要鍛鍊我們更成熟的心智，曾經傷過的心，會被我們用不一樣的方式想起。

你對我的好
我久久無法忘掉
那是我低潮時
最有療效的藥

　　曾經我們也都可能把時間揮霍在一些很在乎的人身上，把精力都投進熱烈的友誼裡，明明是奢侈地消耗寶貴的青春，卻也絲毫不感覺到浪費，那段時光甜膩得讓人企望可以蔓延一輩子。可是有些事情奢侈過了，就退出自己的生活了；有些人交好過了，就分道揚鑣了。破滅的情誼與一味避諱談起的相關記憶，拚了命想要不再去緬懷的人，當時奮力要忘卻的痛楚早已隨日日夜夜變得雲淡風輕。曾經爲著驟變的友誼傷心得不可開交的她，也已經能好好放下那段五味雜陳的過去了。我們可以一路收拾想要緬懷的回憶，但無法期盼傷心馬上離開身體，告訴自己，現在嚐到的這些苦澀，是日後更茁壯的養分。

一起走到此刻的好友們，大家心裡大致也有同樣的共識，我們都知道彼此的時間越來越稀珍，各自的時程緊湊得連要湊出一頓飯的時間都相對不容易。長大後的我們發現所有的東西都是珍貴且奢侈的，無論是工作以外自己擁有的閒暇時間，或者從過去綿延至現今的友誼，每一寸時光和每一段關係都顯得重要不過了。擁有越來越少的時間可以去傷腦筋一些事情，有些維繫不住的關係就讓它隨風散去，日子已經不允許我們把心神消耗得如此奢侈，慢慢剔除消耗自己的東西，寧願把心力與時間壓在更值得的地方。

遺失的友情，我們無從有那麼多的精力去奢望裂縫還原，只能畫好在乎的界限，將所剩的時光都花在還陪伴在身邊的人身上。

因爲越長大越能理解，此刻所擁有的這些，都已經是太過奢侈的了。

預設

試圖在入睡之前寫下一些當日的記憶，某天早上是一堂管理科學課，老師運用數學的觀點描述了一件事，他說「限制式不要限制了太狹窄的範圍，這樣你決策的彈性會越低。」這句話非常巧妙地解釋了畫地自限這個成語，當你爲自己設下了越多的限制，這條路不可行，那條路也認爲成功機率低，那麼其實你在旅途開始前就已經預先下了太多的判定，這會釀成決策的選擇所剩無幾。

我們都以爲自己的人生走向是內建的，一出生就被預設好的，而或許那些我們以爲的內建，都是自己認知中臆測出來的結果，似乎把自己擺進那樣的人生規畫中毫不違和，但有時自己預設了立場就是在限縮伸展的範圍，曾經遙遠的目光都在一次次的預設中削弱，不要忘了，夢想很偉大，而你有很足夠的力氣去成全這樣的偉大，只是別讓夢想像放久了的氣球，限制它不再灌氣進去，它終究會消癟的。

生活裡也有許多出其不意的事物，那些突然闖進生活裡的愛人，那些曇花一

再怎麼看不見盡頭，
總還有一點微光存在。
所遇的人，是世界給你的禮物，
所付出的努力和愛世界會記住。
未來的日子還長，
及早收集一路上的亮光，
往後才能走得更加順暢。

現的快樂，還有稍縱即逝的花火，都是預設中的意料之外。當你清空自己不再去擺設那麼多的限制與規定在心裡，將有更多空間可以去擁抱那些意料之外的發展。就像我從沒思考過修習一堂數學建模與決策相關的課程中，可以讓我延伸聯想到這些事情，也許是自作多情，但也是因爲課堂上聽到的幾句當頭棒喝言論，讓自己再次洗刷了夢想上的灰塵，能再次明白那些夢對自己的意義，持續保持清晰，也時時提醒著自己萬事的可能性，只要還沒有嘗試之前，那些成功的機率一直都不爲零。

許願

想起那一天是我某一個年歲的生日，好友們在商學院布置了好幾個遊戲關卡，一路爲了突破下一關而燒腦著。終點關卡是在實驗室裡，我走進那裡的時候有十幾個好友等著我，他們開始唱歌，然後我的淚腺開始敏感地被騷動。

先許願，再吹蠟燭。彷彿成了每一個備受寵愛的壽星一貫的ＳＯＰ，其實許的願大同小異，但我也是由此斷定，是現在的生活夠平穩，才會不需要刻意的祝福來讓一切更好一點，因爲已經近乎完美，所以許的願望都是願那些幸福自始至終的綿延。

我喜愛在重要時刻，比如生日或過年，寫下一些已經有明確日期的目標，看著這些既定得要努力的夢想便覺得格外踏實。因爲知道自己需要籌畫多少時間去努力，需要儲蓄多少精力來執行，所有的穩定和可預期性就是生活中最讓我感到安心的事，知道自己想要什麼、該爲什麼去拚搏。

很快的，我已經在爲去年生日當天許下的其中一個願望奮鬥了一陣子，收攏了許多我可以觸及的資源、磨礪自己好多個面向的能力。我一直都還在刷新自己的這條路途當中，偶爾受到風雨阻絕，偶爾巧遇豔陽曝曬，然而我相信一直這樣堅定前進，最後一定可以走進那片盎然的花園。

吸引力法則是如此的，想著自己想走的方向、想達成的目標，最後那樣的成功也會慢慢靠近你的，當你堅定想要做某一件事，全宇宙都會聯合起來成全你。光是想著未來那閃閃發光的成功景象，便讓我有源源動力了。想著目標，努力向前；想著目標，繼續向前，吸引力法則會形成良善的循環，致志要心無旁騖，專心走好自己的路。

一路上肯定有需要繞道的巨石阻擋，也免不了鞋破腳傷的碎石摩擦，每一次比上次更好都不是爲了不再受困於挑戰，不是爲了不再掙扎，而是下一次再遇見時，你學會更優雅而無痛的掙扎。當自己目標很明確的時候，他人的閒言閒語都會成爲隨風散逸的泡沫，你的努力只需要爲自己負責而已。

我許的願通常會漸漸實現，膽小的我從不敢做太遠的夢，膽怯的我也很少定立太難達成的目標，有時目標太龐大光想像就想畫地自限了，目標應該要切分成階段性的，一次往前一小步就好。同時身邊有愛著的人陪，也同時因爲自己訂定的目標清晰可見，熱忱與動力就像蠟燭上的熒熒火光，雖然微弱不穩定但仍持續有源源不絕的餘溫。就這樣徐徐的，往終點方向走去。

願你的願望也能不急不徐地實現。

COLOR 04

80%

銀灰

再怎麼看不見盡頭，
總有一點微光存在

巧遇

網路提供我們觸及陌生人空間的機會，我偶爾會喜歡在深感共鳴的貼文下面留言，喜愛這樣與陌生交會的微微刺激感。我經常鼓勵自己進行深度思考，在這樣資訊快速流通的世代裡，廣泛性探索思考很常見，但針對特定主軸深入辯證思考對我來說仍是有難度，仍是渴望具備的技能。

我想我們都不需要害怕自己所缺乏的，或者不需受挫於不具備某種能力的焦慮感。因為沒有人與生俱來就能十全十美，我們都是在周而復始的跌跤裡發現究竟自己嚮往什麼，而在現實與嚮往之間欠缺了什麼，接著在不停歇的探索裡持續找尋遺失的洞見。好一陣子我覺得心理諮商技巧是一門深奧又有趣的科學，讀了許多學者學派及相關治療取向，再看好多諮商相關理論與技術，浸淫在茫茫資料海中，我是眞的又重新經歷一次學自己感興趣的事物是多麼享受的一件事。

學習過程裡自己思考時容易產生盲點，繞過一些嶄新的見解，找朋友聊聊討

論也可能對方因著彼此過去的互動習慣在交流，所以我也一直覺得和陌生人互動對我有一種忽明忽暗的魅力。明的部分是我渴望從一個完全不認識的人、從陌生的角度解讀我的留言；暗的是這種直接而公開的交流事實上很赤裸。偶爾就要有那麼一點順水推舟的衝動，打下字句，發送出去。

　有一天剛好發生了一件被對方留言療癒的情形，我對著一個相關專業的網友怯生生地寫下了一些疑惑很久的事，但仍然在送出訊息的那一剎那引燃對方回覆的期待。我的留言只有短短幾句話而已，卻在三個小時後收到對方大約三倍長的回覆。跳出訊息通知的時候我透過手機通知條只讀得到前幾句話，點開時我卻完全訝異於對方對於我一個陌生人的訊息給予這麼用心的回應，心裡那道不由而生的雀躍太深刻了。

網路的奧妙之一就是讓我們能夠透過它去與更多人產生連結，這些人多來自非常迥異的成長背景，不同的年歲與職業造就著不一樣的思維模式，要激盪出更不同以往的想法，要跳脫自己固有的一貫思維，在網絡上與他人交流讓我達到這樣的目的。每走進一個人的社群軟體版圖就像發現桃花源一樣開心，那種開心彷彿是找到對自身某種缺乏的解藥，可以專攻補足某一部分的匱乏。

日常裡有兩件值得開心的事，一是知道自己缺乏什麼；二是發現如何補足缺失的部分。

在發現自己想要什麼的過程裡，能夠緩緩釐清需求背後的意義連結，而如此越來越理解自己之後，我們會慢慢向快樂靠近。因為當你知道做什麼樣的事能獲得某方面的滿足，那也就隨之更容易找到能填補自己空缺的方式了。了解自己像是一連串的探險旅程，途中你會不斷巧遇以前不自知卻存在的議題，無論這個議題對你來說是好是壞，好的部分你可以多加運用，壞的部分你可以思考改善，但你要能做自己旅程的掌舵者，要有探險家的精神。

直至現在我還清楚記得對方在文末寫了一些溫柔的反問句，給我空間再去把思維觸及得更深更遠，她寫道：「祝福你持續自我覺察，跟自己保持良好的關係。」像我這樣的理工腦確實適合偶爾拿來思考哲學性問題潤滑一下，自我覺察讓我更細膩地去觀察自己的想法，以及對周遭生活發生事件的應對方式，了解是哪些深植的信念牽引著情緒，也才能歸納接下來的作爲。

每一筆紀錄都左右著我們的生活的形狀，也就是先前提及的，在往前走的過程中我們也會巧遇許多安排或非刻意安排的事件，每一次的巧遇都是讓生活變換成另一種不同的形狀。

與自己保持良好的關係，是隨時觀察自己的狀態，隨時關照因應生活而產生的心理變化，是找尋新意或自行創造巧遇，提供機會讓生活歷經更多種形狀。

生命中總恰巧遇到一些未曾思考過會發生的事件，像曾經遇見合拍的人陪我走一段路、像那一天，我的那一天就被一個陌生人覆蓋上一層厚實的溫暖，她引領我理清自己的思緒，她鼓勵我持續的自我覺察。

我相信這種的溫柔是會持久保存在自己體內的。當我們開始把視線放在自身身上與外在的一些細節，開始願意與自己保持良好的關係，開始會學習愛自己，開始幸福就會慢慢靠近。

過渡期

在失與得之間總有或長或短的過渡期，這段時日裡有時充滿讓自己變得更好的拚勁，有時又在變得更好的路上感到心力交瘁。

好友K錄取一間非常嚮往的公司實習機會，她其實爲著這個目標以及其他附帶的目標一齊努力了許久，甚至是長達好幾年的時光付諸。套句古俗諺：戲棚下站久了就是你的。即使可能從沒想過可以從渺茫的人海裡被撈起，但我相信，一個人的努力終會把他推向他想要的地方。

目標不一定很快達成，但是距離會一步一步地接近。我依稀記得那時候是大家開始探索畢業後發展的大學三年級，各自抱持著雀躍而又有點惴惴不安的心境小心翼翼地走著一場職涯探險，某些名聞遐邇的外商公司總在暑假前推出吸引即將畢業的學生們的實習計畫。K和同學們同樣對這間公司投遞履歷，看著班上同學獲得面試機會，她卻始終都沒有接到任何公司捎來的信息，失落之餘，我反而看出一個人對於目標的渴望性，有時候跌跤反而是一股強而有力的激勵。

即使她後來錄取其他她也很嚮往的公司，並在那裡發光發熱好一陣子，但仍可以清楚看見她知道自己不足的地方，把握著身爲學生的彈性時間盡力充實自己，在同儕都在玩樂或休息的夜裡，她還在各種商業競賽中與之搏鬥，後來的幾年她的經歷已經是倍數成長。

一次的失意並沒有讓一個堅定目標的人失去信心，而是無形裡加厚了堅韌的毅力。數年後，K在念研究所時，那間公司又大張旗鼓地祭出招募廣告，再次在K的心底默默引起了一股追求的欲望，彷彿當年的渴望重新流進心頭上。

但這次不一樣的是，面對招募的，已經是卯足全力、準備齊全的K了。

面試歷程經歷一番波折，雖然當下因爲技術相關的問題超出K的能力範圍而感到汗顏，但在其他K這些年來努力耕耘的成果勝出其他面試者，K的特質與表現在面試當下即得到面試官的認可，K說她聽了這些話，心裡有著踏實的感動，好像自己這段時間累積出來的價值被對方主管拋了光，好像賜給她另外一分希望。

面試後的四個小時，K收到了錄取信。我一點都不意外，因爲那正是她從過

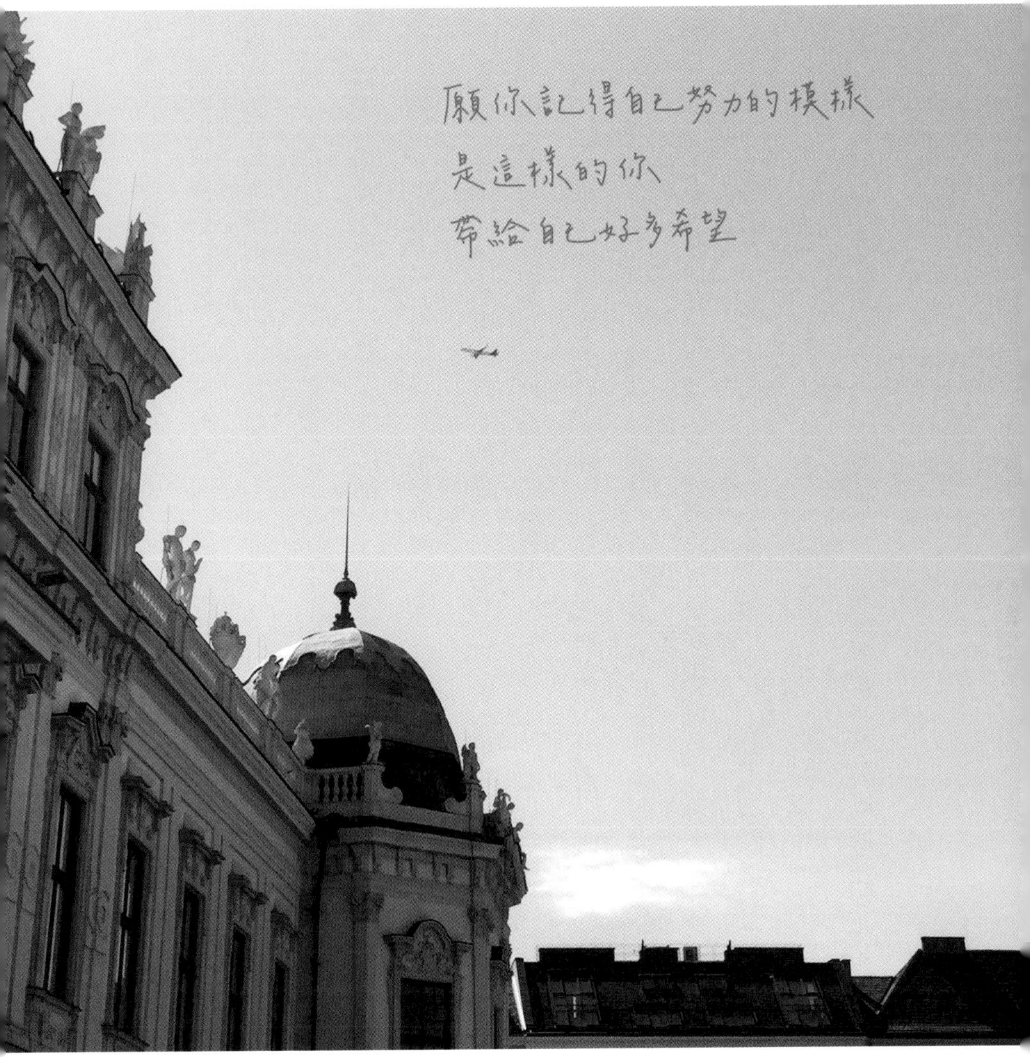
願你記得自己努力的模樣
是這樣的你
帶給自己好多希望

去幾年裡就堅定看著的目標，我相信她一定也變成了很豐盛的她，如果今天不被錄用，那一定也還是有許多公司實習的大門敞開著歡迎她，只是今天，她已經得到了最嚮往的那一個機會。

後來她好好把握了新的挑戰，看著她在自己的新工作裡發揮價值與一貫的熱忱，過上一場她嚮往的外商公司實習生活，那種甜甜的幸福滋味，彷彿讀著她的故事的我也被渲染了。有些得來不易更是令人珍惜，特別是自己熬過一段漫長的過渡期，最令人敬佩的就是當一個人的資歷撐不起她的夢的時候，她願意關起門來培養自己，韜光養晦的時刻終有一日會派上用場的。

當你蹲得越低，機會來時就能跳得越高拔得頭籌，持續地耕耘，總會有門為你敞開，別因為暫時的不被看好而氣餒，你的價值一直都存在，而你的付出會為你的價值增值，過渡時期的你只需要等待屬於自己的機會到來。

當你告訴我你所在的區域已經開始下雪時，我開始勾勒下雪的樣子和體感溫度。到了這個年紀還沒親眼見過雪的模樣，只有在照片裡、電影裡才能暫時擁有雪景的成全。那樣的景緻一直是我想實現的場景，但又礙於怕冷的體質，所以這場夢一直都尚未實現。

在看冰島影集《Ófærð》（編註：中文片名為《困獸之鬥》）的時候，我早已把自己融進布滿雪的電影場景，我常開玩笑地和朋友說看這齣戲的目的並不是它的懸疑劇情，而是它令人賞心悅目的白靄靄雪景，有些暫時無可觸及的美景，都只能靠著虛擬世界作為接觸點，也很慶幸自己身在這個透過網路什麼都變得唾手可得的世代裡。

透過觀看各個國家拍攝的劇集，每隔一段時間就把自己置於不同的國土上，聆聽他們的語言，觀賞他們國家的城市風景，認識他們遠久的民俗。

那些深不見底的黑暗日子裡，
你曾經付出的真心即使暫時沒有結果，
你也要鼓起勇氣往不一樣的地方前進，
否則看見的，永遠是一樣的風景。

別忘了日子還有很多細節，
藏著許多美好你尚未發現。

好些時候我突然覺得世界大的不得了，那種偌大是一生都不一定有足夠的時間去逛過每個城鎮，無數種的生活民情每日每夜正在上演著。相距台灣數個小時至十幾個小時的時差，每個時區內都有獨特生活的影子，好像世界上的每一個人都正在自己的時區內運行著該做的事，而我們在自己的國土上也是。

誰不是每天早晨起床上班或上學，規律地隨著日起日落努力著，羨慕別人的時區並不會讓自己變得更好，反而左右了自己前進的腳步與速度，想要追逐他人的生活樣貌，最後只會讓原先的自我遺失得一塌糊塗。

過著夏天時你不要渴盼冬天；凜冬來臨時你也不要企望烈夏。每個季節有屬於自身的時日，而要在適合的日子作相應的事。當你渴望別人的生活裡有白靄的雪景時，或許你正在經歷的是夏季，強制生產人造雪並不會讓你心滿意足，在正在經歷的時區裡就好好享受、吸收當下所擁有。強行追逐他人生活中的美景，只會忘記去發現此刻的盛境。

每個人有屬於自己的時區，也許你很嚮往某種場景，但請記得好好保持現在充實生活的狀態，在你所處的時區裡豐足每一日，終有一天你所嚮往即會顯現。

維他命

到最後的他，對我來說變得有點像是維他命。每次和他說上話，整個人就像沐浴了一場日光浴一樣。不攝取並不會對我造成傷害，但攝取了會讓自己變得更舒服一點，無論生理上或心理感受上。生活中總有這樣的角色存在，許久不見也能彼此各自認眞經營生活，見面時又能爲彼此碰撞出更多前進的動力，有些人就是有種魔力，他也不針對你正陷進的低潮加油打氣，只是靜靜陪著你去感受生活中發生的所有高潮迭起。

每當生活正常運轉著但總有無法描述的不順暢，開始有點像卡卡的齒輪的時候，就會感受到自己似乎需要保養了。而一個人溫柔的言語可以是潤滑油，在卡卡的區域給你滴個幾毫升，你的日子就又能流暢運轉了。但悲傷的是，別人只看見你順暢運轉著，卻沒發現你能這樣順利，是有幕後推手的。

滴油的人不會被看見，只有那些光鮮亮麗運轉著的，出現在檯面，當自己的

快樂之所以必須銘記
是為了證明這一生
不虛此行

快樂和亮麗形象是建構在他人的辛苦與辛酸上，心底還是撼動著不應該。但也是術業有專攻，滴油是那些人的專業，有時承認自己需要被幫助，才是眞正的面對。要如何使這件事幫助到你，如何讓兩個人可以一起創造雙倍價值，讓它成爲自己身上熠熠的亮光，才是自己可以努力的方向。

維他命有時難免變得像雞肋，捨不得離他而去，可是好像也沒再得到與當初一樣深刻的悸動，就像咖啡因，攝取多了終會有習慣咖啡因的一天。如果把過去的傷描摹成一灘渾水，那以前大概是在渾水之中泅泳，接近溺水似地求救，有人可以一把抓住我。現在的我已經爬到渾水與陸地的交界，渴望再有人拉我，可也清楚如果沒有，倚靠自己的力量也是可以辦到的。

你對我的好，我久久無法忘掉，那是我低潮時，最有療效的藥。希望你也有屬於你的維他命，必要時攝取一顆，有益身心健康。

心底最好的位置

我試著說服自己你開的玩笑不過是人生百般傷害的其中一種，傷痛總是比快樂持續還要長久，若沒有痛，怎能在記憶中鑿得更加深刻。如果強制繪畫出生活一路走到今天的變化曲線，我在想這會是什麼樣的形狀呈現。

後來我才在強顏歡笑裡明白，你不經意的惡意會隨著汙濁的空氣散去，然後我只會記起，它們曾颳起一陣強風，心裡不由得風吹草動，記得一個人曾經拂袖而過，卻能颳起嚴重的龍捲風。

從小到大觀察形形色色的事件發生，受眾不一定是自己，也許是新聞所見，也許是朋友所轉述，一直都覺得悲劇其實很虛無，因爲沒有經歷過相同的歷程就很難共感置身在其中的感受，直到有一天自己成爲故事的主角，我終於曉得痛是什麼樣的概況。

再更長大一些，我發覺事故越來越常發生，在心裡造成一些或大或小的打擊，生活一直都沒有因爲我們變得成熟世故就隨之變得比較容易，小時候想趕快長大的天眞童言，已經快成爲長大成人後的夢魘。人們總嚮往自身不具備的事物啊，長大成人之後，我多常渴望有一台隨時能穿梭時間區隔的時光機，可以自行設定要回到哪個年歲，然後永遠停留在那個空間裡。

可惜那些都只是卡通裡的把戲，無以在眞實生活裡發跡。日子一直前進，年歲一直增長，總有幾個慌亂的時期需要度過，幾乎不太可能過上一成不變的生活。

日子一樣很困難，每斬獲一個關卡，就還有下一個難關矗立在眼前，每度過了前一個時期，就是往下一個時期的挑戰前進。但至少現在待在暫時無恙的生活裡還會在心底確幸，每跨越一個日子，我就距離難堪的過往更遠一些；每跨越一個日子，我就在深愛的人的陪同下，變得更堅強一點。

過去終究只會成爲記憶，甚至有些日子眞的可能像人們口中說的，時間會帶走一切，那樣輕飄飄地離去，只留下一點點可以依稀被記起的漣漪，和在身上慢慢復原的淺淺痕跡。心底最好的位置會被不斷置入新的記憶，關於有些人的記憶被植入，再接著被抽出，無數的替換結果，就是心裡都放著讓自己感到踏實溫暖的人。

把心底最好的位置留給最好的人和最好的事，那些才是該留在心的空間裡的，把陳舊而失值的記憶整理打包，讓它們隨著汙濁的空氣被淘汰，剩下的，讓未來的燦爛來灌溉。

我期待坐擁此刻的幸運
能夠在未來飛翔得更加遙遠

攝影©王毓淳

欲蓋彌彰的念想

有些最深的寂寞、最深的感受，不知道該怎麼說、說給誰聽，只能放在一行一行的筆記紙裡，留給未來的自己。我相信每一份想念都有適合存放的空間，也幸好時光就是最好的見證者，在倉促中戛然而止的關係，混合著那些欲蓋彌彰的念想，都證明著每段時光的意義。

我想，應該沒有哪個人是擅長說再見的，也一直在想，道別眞的有準備好的那一天嗎？

先撇開非自願性終止的關係，有一些即使自己擁有高度主導權的關係，我們仍無法毫不動搖地就把一個人從自己的生活與記憶裡刪除。準備說再見的時候，即便把原訂的日子苟延殘喘地往後推延，我們依然走不到準備好要面對的那一天，畢竟「再見」是太沉重的字眼，裝載著你們過去彼此綿長的互動回憶，以及不知道何時還有可能再見的模糊定義，不安向我們慢慢靠近，最終就慢慢走向寂寞了，緩緩

一路上收攬各種風景
才有此刻豐盛的自己

收拾一路上遺落的期待，也得從此學會摺疊欲蓋彌彰的傷心。

至今想起以前的事，心裡還是會蕩漾緩緩的沉重餘波。眼淚像時不時不預告就下起的雨，眼裡的水也無法分辨，究竟是淡還是鹹。

過客之所以重要，是因爲兩人才讓記憶變得那麼有價值。對方就算離開了，就算已經離你很遠很遠了，這些回憶也是不可能被攜走的。那些自己堅信的「每一段關係都是重要的，所以現在擁有的時候得更珍惜」，更加珍惜其實更容易使我們傾心，而當這個倚賴的重心遠離的時候，自己像失去圓心的陀螺。還在轉，但已經迷失了方向。

而至少我已經釐清自己欲蓋彌彰的用意，想念越是濃烈，好像彷彿提醒著自己這個人的重要性，因爲無所匹敵，因爲無可取代，所以那段光景裡都有那個人過度鮮明的影子，相處在一起的時候，感受不到時間的流動，也不敢想像沒有他的生活。

道別總是沒人能正確解開的難題，蔓延的無盡思念連時間都難以稀釋與使我們忘懷，但又想起那一天你對我笑、對我說的話、給我的最後祝福，都是我如今好好收藏的禮物，有幾個低潮而失眠的夜，都是依賴這些溫暖才勉強撐過去的。我知道道別的用意，是讓我們可以好好收藏曾經的一段回憶，明白有些人給的愛並不虛張聲勢，但能繾綣自己的生活一輩子，對彼此的過往有這樣的共識，好像也就能夠舒適地與濃烈的想念共存了。

道別之後，我欲蓋彌彰的想念反覆出現。

依然在往後的每一天，我都會持續意猶未盡地想你。

丈量失落的方式

分類失落感，是E教會我的一件事。相當看重關係的我，經常在自己布建的關係網裡迷路。

我們內心總會對世界有所期待，可是事情總很難完美地發生。如果你總覺得世事都如自己的心意，那也可能只能暫時歸於幸運而已。

一生中失落數不清，不停地在內心偷偷萌生或大或小的期待，小至想吃的那間餐廳始終預約不到，大至渴望一輩子最在乎的那個人不要離開自己的生活。每日每夜正在運行的事件都可能成爲我們期待的一部分，而最後那些極其在意的事，也可能化爲失落的一分子。在媒合期待的過程中，容易有不同的失落感產生，心中得有一把衡量的尺，去丈量失落感在心裡產生的影子。

有時的失落感，是我們太過認爲憑藉自己的微薄之力就可以拿捏完整，然而當我們發現並不是這麼一回事的時候，不小心就會跌入開始責怪自己的陷阱裡，蔑

視自己的能力，我們開始會把自己其實做得很好的地方，都棄如敝屣。開始痛恨自己未能讓事件都按照已經寫好的劇本發生，未能好好的說服自己沒有所謂的命中注定。

有時的失落感，是耗費大量心力與時間投入一件事物或一段關係，可是最終延燒到了中止線，這是一條你未曾想像過的截止線，跨越了它，事物就這麼失去了，關係也就停止了。悲傷跟著溢位，像超乎預期漲潮的洶湧的浪，我們都知道它即將漲潮了，卻沒能想像它能有多猛烈，能爲自己帶來多少心境上的衝擊。

可是當你以爲你是自己生活的編劇時，也得小心拍戲過程裡偶爾可能的突發狀況，沒能按照劇情演出的戲碼，要如何讓自己更彈性地應對，也是我們在種種插曲裡能夠萃取出最好的精華。

曾爲一段戛然而止的友誼感到憂傷，然而這段友誼對我來說味同嚼蠟，食之無味又棄之可惜，可是結束關係實在是自己最不擅長的事。總在心裡偷偷衡量一個人能給的，時而說服自己需要又時而感到冗餘。眞正的友誼其實是不會讓你去思考這些節外生枝的議題，是自在的付出和交流，而不是時時刻刻反思與檢視互動。

關係的逝去仍讓我的心底有著隱隱作祟的罪惡感，失落於關係的無法持續。對方過多的關心我並不想要，卻又在拒絕之際感到罪深惡極。我常在各種其實可以不要，但又沒有勇氣丟掉的關係裡迷路，E告訴我要把這些罪惡感分門別類，從中產生的失落才會有區別。

承接不起的關係，錯的並不是你。但要學習將失落依據自己的感受分類，這時每一段關係的價值才會更加清楚，你會開始知道自己僅有的力氣要留給誰，僅有的時間要維繫哪幾段關係，而哪些就應該好好丟棄。

背著太多關係的包袱，會讓每一段關係都沒能走到最好的境地，唯有取捨才能放下不屬於自己的重擔，也同時能捍衛想珍惜的一切。

擴張疆域

每每接近找工作的日子就會往焦慮稍微靠近一些，又要重複懷疑自己的能力是否眞的配得起想要的職缺。好友說那些都是自己之前努力過後掙來的成果，又不是尋找打手考試或支付巨額金錢走歪門邪道而獲得的，爲什麼要不斷去懷疑自己的能力水平。

網頁上那些職缺說明雖然是條列式呈現需求，瀏覽過去卻幾乎把我們的專長領域會接觸到的技能都寫了出來，彷彿要的是不存在的那種樣樣都會的人才。以爲自己已經不斷地在充實技能，然而日新月異的知識，人們的大腦已經無法再跟上那種知識更新的步調，即便覺得自己學習的方法比以前更加開竅了，但終究還是感受到大腦逐漸往衰老的方向演化。

想要做的工作輪廓越來越模糊，或者說，它們從沒眞正清晰過。好像都是順著自己認爲「有趣」的感受去決策，反正面試錄取就去做做看，一路上好像也都在

願世界給你最合適的安排
讓你即使在未知裡飄移
仍能感到踏實安心

走馬看花，但也不確切知道哪一朵花才是自己眞正在尋找的。

但這些年來參與過多項迥異的工作歷程，從行銷實習生跨到軟體工程師，我發現了一件事，就是不需要強迫自己一定要對正在追逐的事情有清楚的輪廓，很多時候，我們都是在不停嘗試與探索之下，找到最適合的答案。當你一開始就劃清了你想要尋覓的疆域，那無非是給了自己限制，彷彿那些範圍以外的區域就被浪費了。所以得要多給自己一些時間，不斷地去 try and error，你才會漸漸釐清最靠近自己心意的雛形。

也許是這樣的觀念讓我像是停不下來的陀螺，曾經有位相當了解我平時生活習性的老師笑著問我是不是總是閒不下來，總給自己安排好多的作業，如果 A 這條路斷了，我就會試圖去開闢 B 這條路。老師的分析也是挺精闢的，慣性已經讓我形成一個沒有陷在忙碌中就會渾身不自在的體質。

可又覺得不斷探索世界樣貌實在是太迷人了，世界上有太多太多未知的事物，在我發現的那一剎那彷彿找到一場沒玩過的遊戲，一頭栽進去遨遊了一番，才肯確定自己到底喜不喜歡。而我也深信人的喜好都是隨時在異動著的啊，唸書期間就多去旁聽不同系所的課程，多參與社團交不同的朋友，找工作期間就多投幾間公司，多去面試看看企業運作的樣子。不給自己太多的設限，你才能好好發展自己的極限。

深深相信就是因爲這些高潮迭起的經歷，撐起了生活的精彩。因爲每個人會走的路都是獨特的，自己的生活或故事不會有第二個人同樣經歷過，所以這些時刻被刻畫下來的悸動，都是太感人的。

人生可以暫時停滯，但不能就此停止去探索更多疆界，每多一點的努力都是在證明自己其實可以更豐盛。

回歸

以往的所有困境與經歷的挑戰就像糾纏成一團的毛線，縫隙中摻雜著日積月累的灰塵，從小到此刻遇上岔路所受過的糾結也都一同融在裡面，讓我們自己甚至快要看不清毛線原本所屬的色澤。

如果把長長的一生看成多條毛線纏繞，從小到大就看著那個毛線團越來越膨脹，顏色也越來越因爲長時間的接觸而更暗沉了。

直到有一天我們終於可以把腳步緩下來回頭看看過去集結而成的毛線團時，可以抽絲剝繭地剔除卡在縫隙中的雜質，記起那些雜質帶來的沉痛教訓；也可以小心翼翼地收好藏在縫隙裡的珍物，重新品嚐成就感帶來的溫存。那些好與不好都曾是自己的一部分，即使有些東西即將被以汰舊的身分退出，但那些無形的資產也將會是一種成長的養分，認眞地梳理每條毛線以及清洗，順勢地把毛線回歸成原本的色澤。

我們會發現原本的我們其實都有一顆純白的心，只是日子一路走來，沒有人能出淤泥而不染，就像與各種石礫或砂的摩擦，在純白的心上有越來越深的刮痕，也沉澱了越來越多的雜質，不斷地出現跨越不過去的坎，也有令人心灰意冷的困頓，內心也許無可避免地會越來越灰，但誰不是這樣子走過來的呢。

有時我們會自暴自棄地認為自己是被上天遺棄的衰鬼，為什麼偏偏就是我遭致過不了的坎而過得灰頭土臉。但事情也總是有兩個面向，如果你願意留個空白時間再多想一些，你會發現換位思考只是一線之隔，你會學會換個視角，偏偏是你比別人更早遇見困境，才在年輕尚有時間和精力時得以乖張的抵抗，省得未來現實把你勒緊時還得要面對一些遲來的挑戰，到時你會發現自己早已被無力抵抗搞得身心俱疲。

當自己變灰的時候我會特別留意，我知道這樣的自己並不好看，但也知道這是通往目標的過程，當知道一段坎坷的路是通往快樂的必經路途時，我傾向調整自己的心態，告訴自己所有人都會走進這個情景裡的，自己不是唯一。同時告訴自己就算害怕也無濟於事，有時刻意避開可能會用更狼狽的方式跌倒，一切就順其自然，因為再怎麼黑暗的過程，總會有貴人成為一盞亮光，或伸出援手，拉著自己一同度過的。

長大的過程裡變灰是在所難免的，即使曾因課業壓力過得焦頭爛額，即使曾因選擇焦慮而躊躇不前，即使曾因劇烈困境而過得愁雲慘霧，你也不用擔心暫時的停滯或步調緩和有什麼影響，不必擔心你所走過的每一條彎路會白費了，因為過程裡你吸收的都是未來茁壯的經驗值。有句廣為流傳的俗語：「當局者迷，旁觀者清」，這句話的意思在這裡可以解釋當下的你或許看不清一件事對你產生的用意，然而時間一久之後當你有機會清理你糾結的毛線球時，你會慢慢發現潛藏在其中的碩果，慶幸自己已經擁有那麼豐沛的果實。

你的毛線團本來就會糾結，本來就會越來越暗沉，但請放心，往後你會從這裡收穫很多東西。就好好去享受世界給你的禮物，未來日子還長，及早先學會不要踉蹌，往後能走得更加順暢。

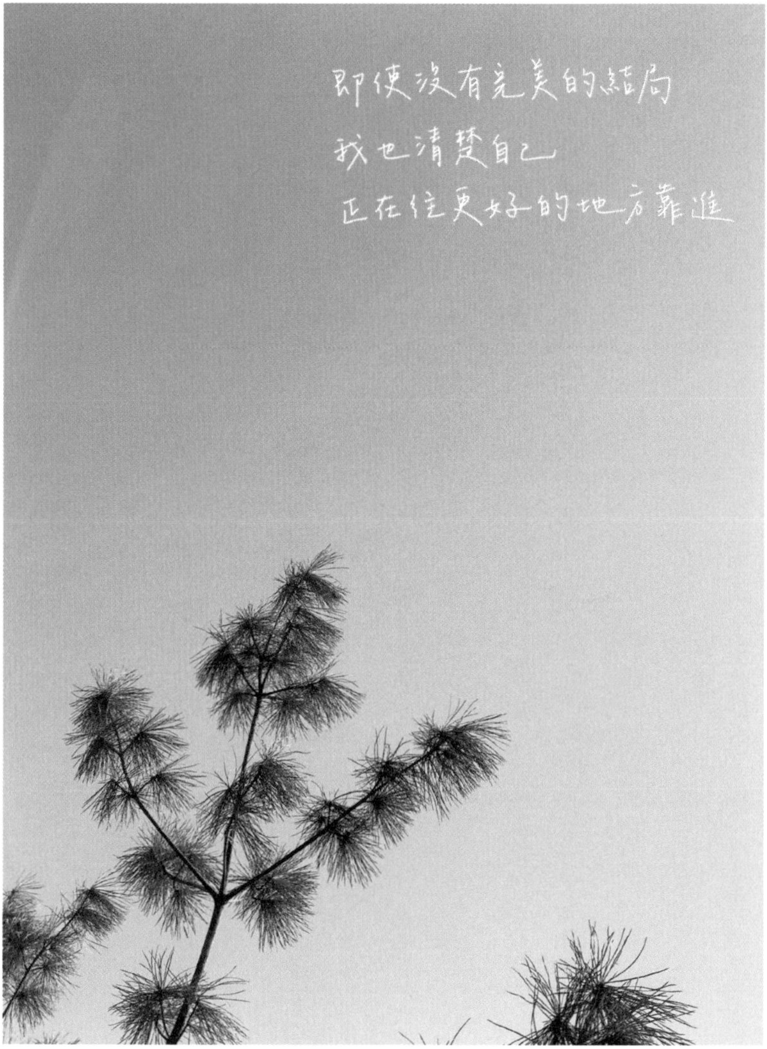
即使沒有完美的結局
我也清楚自己
正在往更好的地方靠進

誰教會了誰勇敢

原諒我自作主張寫這封信給你，再自作主張地期待未來的你再次讀這封信的時候，會有全新的感受。

「我想要寫一封信，把所有恨意封裝進去，寄給他。」我這樣說，擅自以爲這樣就可以把恨與傷心都遺留在原地。

「可是這些話好像是你想對自己說的。」她回應道。

我深吸了一口氣，因爲我從沒想過那些氣話，其實是尖銳的凶器，惡狠狠地對著自己。那些言語彷彿是想安撫內心碎動的自己，明知道有些傷害猝不及防，會帶來理所當然的遍體鱗傷，可又總是容易責怪自己應該要及早嗅到危險的蛛絲馬跡，應該要早點避開攻擊。其實所有的「應該」都只是一種羈絆自己的枷鎖，所有的應該都是後知後覺的理由罷了。時間推著我們成長，世界從我們的視角看出去也越來越不一樣，用不同角度去看待的時候就會萌生新的挑戰，我得承認，未來還有

攝影©王毓淳

很多的傷心是無可避免的。

曾經習以爲常的正向思考，彷彿是對別人複誦的經，自己卻不太容易聽進去，因爲我們心中對自己的期待會遠遠超越別人看見的以及評價我們的水平，壓力和焦慮在越來越千瘡百孔的日子裡無所遁形。落差來自對自己的期待，自認爲的不足，更勝於從他人評價中意識到的不足。

可是這樣千篇一律的擔心，正是世界上所有的人，都會經歷的，誰都無一倖免。而你也得記住，過去那些太精彩與太落寞交織而成的故事中，每一段故事都會對你的價值觀鋪上新的啓發，故事中遇到的每一個角色也都可能在你身上留下深刻的印記，時光會協助我們記憶過往每一場熱鬧。有些傷心的往事、愛過的舊情人，想起來心底還是有淺淺的餘溫蕩漾；有些太快樂的事、此刻愛著的人，都在時間的醞釀裡醃漬得更甜了。

年輕時那種事事都得如意的方剛血氣，也都在越來越長的年歲裡漸漸消散了。當事事如意已經成爲一種心願，我們就不要太期待它的實現，大概就只需要記得，勇氣會是日益增長的，越多的見識，越多的體會，都會轉爲勇氣讓我們進行下一次面對。我也始終相信，這些生長過程所感受的徬徨，以及跌跌撞撞所受到的傷，時間會銘記我們的努力，最後催化成身上無可匹敵的光芒。

曾經有些好友向我道謝，說他們的勇氣是我給的，在追夢的路上或在迷茫的路途中，我們都是很有能力去給予的。在覺得自己一無所有的時候，也要相信自己曾是某個人生活裡的一道光芒。而我知道，在我生命裡，也有許多人閃閃發亮的存在著，不論他們教會我的是什麼，不論他們在我生活中扮演的角色，我都知道他們的出現，就是最好的。漫漫時光裡，我發現勇氣是相互茁壯的，你可能教會別人勇敢，同時別人也會賦予你更多的勇氣。

所以現在得要好好相信，不管如何，日子都被推向更好的地方了，如果說永遠都沒有最好的那一天，那就相信現在就是在往那個方向前進了。親愛的自己，希望你未來再次讀到這封信的時候，正在經歷一樣熠熠生輝的生活，也仍然有足夠的勇氣去抵禦世界給你的課題。

你能教會別人勇敢，是因爲你自己也足夠勇敢。

時光會協助我們記憶過往每一場熱鬧，
傷心的往事、愛過的舊情人、太快樂的事、此刻愛著的人，
這些生長過程所感受的徬徨，以及跌跌撞撞中所受的傷，
時間會銘記我們的努力，最後催化成身上無可匹敵的光芒。

Eurasian Publishing Group
圓神出版事業機構
用心閱讀你的心・細細探索無限寶藏
究竟出版社
Athena Press

www.booklife.com.tw reader@mail.eurasian.com.tw

第一本 114

灰日記：生命縱有摺痕，也要活出你的高級灰

作　　者／歐北
發 行 人／簡志忠
出 版 者／究竟出版社股份有限公司
地　　址／臺北市南京東路四段50號6樓之1
電　　話／（02）2579-6600・2579-8800・2570-3939
傳　　真／（02）2579-0338・2577-3220・2570-3636
總 編 輯／陳秋月
副總編輯／賴良珠
專案企畫／尉遲佩文
責任編輯／張雅慧
校　　對／歐北・張雅慧・林雅萩
美術編輯／林韋伶
行銷企畫／陳禹伶・鄭曉薇
印務統籌／劉鳳剛・高榮祥
監　　印／高榮祥
排　　版／莊寶鈴
經 銷 商／叩應股份有限公司
郵撥帳號／18707239
法律顧問／圓神出版事業機構法律顧問　蕭雄淋律師
印　　刷／龍岡數位文化股份有限公司
2022年5月　初版

定價340元　ISBN 978-986-137-368-3

如果世界是一場派對?!
曾以爲，想在「世界」這場派對中如魚得水，
就必須成爲別人眼中的社交咖。
事實上，不需要假裝，也不必符合他人期待，
你永遠不必爲自己的格格不入道歉。

——《如果世界是一場派對》

國家圖書館出版品預行編目資料

灰日記：生命縱有摺痕，也要活出你的高級灰 / 歐北著.
-- 初版. -- 臺北市：究竟出版社股份有限公司, 2022.05
192 面；14.8×20.8公分 --（第一本系列；114）

ISBN 978-986-137-368-3（平裝）
1. CST：人生哲學
191.9　　111003868